재테크 독서로 월 100만 원 모으는 비법

이 책을 소중한

_____ 님에게 선물합니다.

_____ 드림

| 현직 교사가 7년 동안 읽고, 쓰고, 실천한 |

재테크 독서로 월100만원 모으는 비법

안명숙 지음

위닝북스

독서로 삶의 문제를
해결할 수 있다!

대한민국에서 빚 없이 사는 사람은 얼마나 될까? 20대는 학자금 대출, 30~40대는 결혼자금, 자동차 구입과 주택자금, 사업자금 대출, 50~60대는 자녀결혼이나 사업을 위한 자녀지원자금 대출, 70~80대는 노후자금, 질병자금 대출로 누구나 빚과 친근한 일생을 살아간다. 내 주위 친구들이나 직장 동료들 중에도 빚 없이 살고 있는 사람들을 찾기가 쉽지 않다. 매달 받는 급여는 원리금 상환과 자녀교육비, 각종 할부대금으로 통장을 스쳐지나갈 뿐이다.

나는 2010년 기획부동산 사기를 당해 2억 원의 빚을 지게 되었다. 개발될 땅이라 몇 년만 기다리면 땅값이 오른다는 개발회사의 설명을 믿었다. 자금이 전혀 없었지만 20년 차 중등교사의 신용을 이용하니 금방 2억 원의 자금이 만들어졌다. 다 빚이었지만 그때는 투자라 여겼다. 2년을 기다렸으나 땅값은 오르지 않았고 기획부동산 대표와 임원들이 사기로 구속되었다는 기가 막힌 기사를 보게 되었다.

그제야 빚이 실감나게 다가왔다. 1년에 1,000만 원씩 갚는다면 20년이 걸리는 것이다. 정년은 16년 정도 남은 시기였다. 허리띠를 더 조여 1년에 2,000만 원씩 갚는다면 10년이 걸릴 것이다. 나 혼자 저지른 일이라 나 혼자 그 일을 처리해야 했다. 우선 방법을 찾아야 했다.

하지만 나의 소비생활은 여전했다. 빚이 없을 때와 별반 다르지 않았다. 보험, 적금도 넣고 있었고, 생활비도 그대로 쓰고 있었다. 두 딸이 고등학생에서 대학교로 진학하는 시기라 교육비도 어마어마하게 들어갔다. 하지만 매달 나오는 급여로 충분히 지급할 수 있으니 그다지 걱정되지 않았다. 그런데 친정 엄마가 2011년 위암 발병 후 1년 반 만인 2012년 8월에 하늘나라로 가셨다. 엄마가 편찮으신 동안 수술과 항암치료로 비용도 많이 들어갔다.

그 이후에도 빚은 줄어들기는커녕 늘어만 갔고, 가족들에게 손을 벌릴 수는 없어 혼자서 갚아야 했다. 방법을 찾아야 했다. 당장 도서관에 달려갔다. '빚 갚는 법'에 관한 책이 그렇게 많은 줄 몰랐었다. '짠돌이'나 '텐인텐' 카페 활동도 열심히 했다. 매일 카페에 들어가 실시간으로 올라오는 글들을 보면서 방법을 찾았다.

책을 통해 찾은 방법을 정리하고 실천하기 시작했다. 첫째, 비상금을 마련했다. 다양한 충고가 있었지만, 난 월 100만 원 정도의 비상금을 마련해 CMA계좌에 이체했다.

둘째, 신용카드를 끊고 체크카드를 사용했다. 그때 알았다. 신용카드 혜택을 받기 위해 오히려 과소비를 일삼고 있었다는 것을. 체크카드를 쓰니 통장 잔고를 생각할 수밖에 없었다. 통장 잔고는 월 생활비만큼만 넣어 놓으니 과소비와 결별할 수밖에 없었다.

셋째, 가계부 작성이었다. 매년 연초마다 몇 페이지 작성하다 포기했던 가계부 작성을 하기 시작했다. 재테크 카페에서 엑셀가계부를 다운받아 내 상황에 맞게 수정한 후 사용했다. 습관을 들이기가 쉽지 않았지만 처절하게 매일 써 내려갔다. 매월 데이터도 내고, 영수증도 모아 공책에 붙이면서 가계부를 기록했다.

결론적으로 매년 3,000만 원씩 갚아 나갔다. 4년 동안 1억 2,000만 원의 빚을 갚았다. 나 혼자의 월급으로 해결해야 했기에 극도의 절약생활을 실천했다. 전국 최강 짠돌이들의 노하우를 찾아 실천했다. 그동안 내가 얼마나 소비욕구를 분출하고 살았는지를 실감하고 반성하게 되었다.

이 책에는 내가 4년간 1억 2,000만 원의 빚을 갚은 비법을 담았다. 누구나 따라 한다면 엄청난 결과를 가져올 것이다. 빚으로 허덕이는 사람들은 빚이 푹푹 줄어드는 경험을 하게 될 것이고, 빚이 없는 사람이 나의 방법을 실천한다면 3년에 1억 원 정도의 종잣돈을 마련할 수 있을 것이다.

이 모든 출발은 책에서 시작되었다. 살면서 책을 읽으면 삶이 변한다는 말을 많이 들었다. 하지만 내 주위에서 책을 읽고 생활이 나아진 경우는 많이 보지 못했다. 독서를 통해 사고력이 길러지고,

언변이나 글쓰기 실력이 좋아졌다는 사람은 더러 보았다. 독서를 통해서 부자가 되었다는 것은 유명한 작가나 일부 성공한 사람들만 경험하는 세계라 생각했었다.

하지만 나는 책을 통해 내 삶이 변하는 것을 경험했다. 실제로 엄청난 빚을 갚아 나갈 수 있었다. 그것도 아주 즐겁고 행복한 기분으로 해냈다. 책을 읽으면서 빚 갚기를 실천했기에 가능했다고 생각한다. 이것이 바로 '부자 독서법'이고 '독서 재테크'다.

이 책이 나오기까지 도움을 주신 〈한국책쓰기1인창업코칭협회〉의 김태광 대표 코치님께 감사드린다. 나의 가능성을 찾아 주시고 자존감을 회복할 수 있도록 용기를 주셨다. 하마터면 아픈 과거로 묻힐 뻔한 이야기를 통해 메신저로서의 사명을 감당할 수 있게 도와주셨다. 〈위닝북스〉의 권동희 대표님께도 감사드린다. 세심한 조언과 도움으로 이렇게 작가로서의 인생을 시작하게 되었다.

마지막으로, 80세에도 자식과 손주들을 위해 담배농사를 놓지 못하시는 아버지께 이 책을 바친다. 나의 가족 사랑과 성실함과 끈기는 아버지께 물려받은 것이라 생각한다. 이 세상살이가 너무 힘드셔서 먼저 하늘나라로 가신 엄마께도 감사드린다. 우리 오 남매가 모두 행복하게 사는 모습을 보여 드리기 위해 앞으로도 노력할 것이다.

2019년 4월

안명숙

차 례

PART 2 | 독서로 인생을 바꿀 수 있다

PART 3 | 누구나 독서로 경제적 자유를 누릴 수 있다

PART 4 | 삶을 바꾸는 부자 독서법

PART 5 | 책 속에 부자가 되는 길이 있다

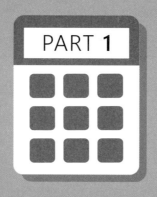

바닥까지
가 봐야 알 수
있는 것들

01

아끼면
부자가 될 줄 알았다

$+ - \times \div$

돈은 최선의 종이요, 최악의 주인이다.
− 프랜시스 베이컨 −

내가 어릴 때부터 우리 집은 가난했다. 소백산맥 중턱에 자리한 작은 집에는 모두 8명의 식구가 살았다. 할아버지는 아버지가 초등학교 6학년일 때 지병으로 돌아가셨고, 아버지는 그때부터 가장 노릇을 하셨다고 한다. 홀어머니를 모시고 세 동생을 돌보며 열다섯 살부터 농사를 지으신 아버지는 주로 고추와 담배를 재배하셨다. 논이 없어서 쌀농사는 짓지 못하고 이모작으로 콩, 옥수수, 감자, 마늘, 무, 배추 등을 심기도 하셨다. 밭은 경사가 많이 지고 돌도 많아서 소출이 많지도 않았다. 화전민촌 같은 분위기의 동네였다.

우리 오 남매는 어려서부터 용돈을 받은 적이 없었다. 초등학교 때 친구들은 학교가 파하고 집으로 가는 길에 가겟방에 들르곤 했다. 나는 그런 친구를 따라 가기만 했지, 군것질을 사먹은 기억은 거의 없다. 그리하여 소비하는 습관이 거의 들지 않았다.

중·고등학생 때는 할머니, 동생 둘과 함께 학교 근처로 나와 살았다. 살림은 할머니가 하셔서 내가 따로 돈을 쓸 일은 없었다. 할머니는 직접 부업을 하시면서 반찬값을 아끼셨다. 집안일을 하고 남는 시간을 활용해 봉투 붙이기나 데코 우산 만들기 같은 일을 하셨다. 손도 빠르고 부지런하셔서 다른 사람보다 일을 더 많이 하셨다. 잠도 안 주무시고 일하시는 모습이 너무 안타까웠다. 그런 모습을 보고는 용돈을 함부로 쓸 수 없었다.

내가 처음으로 뭔가를 산 것은 대학생 때였다. 대학에 입학하고 나서 할머니가 다시 시골로 가셔서 동생들과 살림을 꾸려야 했다. 책값, 밥값, 회비 등 생활비가 많이 들었다. 그래도 낭비는 별로 없었다. 점심은 학교 구내식당에서 사먹거나 콩나물, 두부, 어묵 같은 저렴한 것들로 도시락을 싸가지고 다녔다. 옷은 자매들끼리 돌려 입었다. 자라면서 몸에 밴 절약 정신은 돈이 없어도 행복하게 했다.

1980년대에도 대학가에는 멋쟁이 친구들이 많았다. 특히 예술 전공 학생들은 화려하고 멋진 모습으로 다녔다. 하지만 나와 동생들은 고등학교 때와 별반 다르지 않은 모습으로 다녔다. 그 흔한 파마도 어쩌다 한 번 했고, 화장도 거의 하지 않았다. 멋진 옷이나 구두 같은 것도 불편하기만 했다. 늘 운동화에 바지 차림으로 다녔다. 학교가 멀었기에 바지가 훨씬 편했다. 그런 생활 습관은 늘 내 몸에 배어 있었다.

교사가 된 뒤 고향의 모교 중학교로 발령을 받았다. 그곳에서 2년 반 동안 근무했다. 집에서 출퇴근을 하다가 관사에서 지내기도 했다. 직장생활을 하면서도 생활습관은 달라지지 않았다. 옷은 저렴한 것을 골라 사 입었고, 가끔 엄마의 옷을 입기도 했다. 엄마 친구 분들은 젊은 사람이 엄마 옷을 같이 입는다고 칭찬하셨다.

첫 월급을 받고 아버지께 전부 드렸다. 아버지는 농협에 20만 원, 30만 원짜리 적금을 2년 만기로 부어 주셨다. 1991년에는 부담되는 금액이었다. 보너스가 없는 달은 급여가 60만 원 정도밖에 안되었기 때문이다. 그래도 2년 동안 꾸준히 부었더니 무려 1,300만원이 넘는 큰돈이 되었다. 220만 원으로 당시에 갓 나온 컴퓨터와 프린터를 샀다. 1,000만 원은 아버지 계좌로 넣어 드렸다. 그동안 길러 주신 은혜에 조금이라도 보답하고 싶었다. 아버지는 결혼 자금으로 쓰라며 사양하셨다. 하지만 난 결혼하면 평생을 벌 예정이니 결혼할 때 돈을 안 쓰고 안 가져가겠다고 말씀드렸다.

1994년 2월 결혼을 했다. 첫 주거지는 수원이었다. 전세 1,000만원짜리 단칸방이었다. 살림살이는 결혼 전에 사용하던 제품들을 그대로 사용했다. 밥솥, 냉장고, 옷장, 그릇이 다 있었기 때문이다. 다만 세탁기만 새로 샀다. 엄마가 세탁기는 좀 커야 한다며 새로

사 주셨기 때문이다.

3월 중순, 감기 기운이 가시지 않고 속이 더부룩했다. 주위에서 얼른 병원에 가보라고 했다. 임신이었다. 입덧이 시작되자 도저히 시외버스를 타고 출퇴근하기가 힘들어 직장이 있는 이천으로 이사했다. 이때 결혼하면서 아버지께 빌린 400만 원을 모두 갚았다.

6개월 뒤인 10월 말, 출산휴가를 내면서 다시 이사를 했다. 인천 계양에 있는 박촌이라는 곳에 방을 얻었다. 돈이 별로 없어서 반지하 빌라 방 2칸짜리를 얻을 수밖에 없었다. 그때부터 담보대출이 시작되었다. 남편이 이천에서 인천으로 출퇴근하기 위해 차를 바꿨기에 자산이 없었다.

맞벌이하면서 아이를 키우기 어려워 단양에 있는 친정에 맡겼다. 아이 돌보는 사람한테 맡기면 월 30만 원은 줘야 했다. 2~3주에 한 번씩 단양으로 가서 아이를 보고 올 때마다 가슴이 저려 왔다. 친정어머니에게는 용돈을 10~20만 원 정도밖에 못 드렸지만, 그 돈도 아이를 위한 비용으로 다 쓰셨다. 오히려 돈 줄 생각은 하지 말고 빨리 돈을 모아 집을 마련하라고 하셨다. 엄마는 농사일을 하시면서 아이들 키우시느라 고생을 많이 하셨다. 큰아이 다섯 살 때까지 길러 주셨고, 작은아이도 세 살 때 1년 정도 길러주셨다. 지금 생각해도 너무 죄송스러운 마음뿐이다.

둘째까지 친정에 맡기기가 너무 죄송해 처음에는 아이 봐 주는 사람을 찾았다. 집에서 가까운 곳에 사는 사람을 구해 아이를 아침 일찍 그 집에 데려다 주고 퇴근하면서 데려왔다. 2년 정도 그렇게 맡기는 데 600만 원은 족히 들어갔다. 이후 1년은 친정엄마에게 맡겼다.

첫 아이를 낳은 이듬해 나는 인천 서구로 발령을 받았다. 박촌에서 서구까지 바로 연결되는 버스가 없어 두세 번씩 갈아타야 했다. 당시 운전을 못해 버스를 탈 수밖에 없었는데 왕복 서너 시간이 걸려 도무지 다닐 수가 없었다. 그래서 다시 직장 근처로 이사를 했다. 이번엔 빌라 2층을 구했다. 역시 담보대출은 필수였다. 그때서야 살림살이를 조금씩 구입하기 시작했다. 비로소 집의 모양이 갖춰지는 것 같았다. 2년 뒤 드디어 22평 아파트 전세를 얻었다. 4,000만 원이었다. 담보대출은 더 늘어났다. 지인이 깨끗한 장롱이 있다고 해 가져다 놓으니 이제야 집이 그럴듯해 보였다.

1997년 IMF가 우리나라를 강타했다. 주식과 부동산이 끝없이 추락했다. 1999년 하반기가 되자 경제가 회복되고 아파트값이 서서히 오르기 시작했다. 우물쭈물하다가는 원래의 가격을 회복할 것 같았다. 재산은 대출이 남아 있는 전세금이 전부였지만 집을 사기로 결정했다.

우리는 학군이 좋은 아파트 단지가 있는 부평 쪽으로 선택했다. 다른 집보다 좀 저렴하게 나온 32평 아파트를 8,500만 원에 계약했다. 아파트 담보대출 4,000만 원을 받았다. 생전 처음 내 집을 마련한 것이다. 그때야 사치를 좀 부려 TV와 냉장고를 새로 사고 아이들 책상도 각각 마련해 주었다.

난 절약이 몸에 배어 있었다. 항상 가격 비교를 하고, 메이커가 없는 저렴한 물건을 샀다. 아이들 옷도 주위 사람들에게서 얻어 입히거나 시장에서 싼 것으로 샀다. 장난감이나 보행기 같은 육아용품들도 주위에서 얻어다 사용한 적이 많았다. 반찬거리는 늘 친정에서 가져다 먹었다. 그래서일까? 20대 중반인 두 딸은 지금도 유명 브랜드를 잘 모르고 선호하지 않는다. 검소함도 유전되나 싶다.

안 먹고, 안 입고, 안 쓰고 모은 돈은 결국 아파트를 만들어 냈다. 물론 반은 은행 빚이었지만 내 집 마련이라는 과제를 수행한 것이다. 전 재산 600만 원이 4,000만 원으로 바뀌는 데 걸린 시간은 6년이었다. 그동안 자동차 구입에 1,600만 원이 들어갔고, 아이 둘을 낳고 맡기느라 많은 돈이 지출되었다. 월급이 많지 않은 시절이었지만 그렇게 허리띠를 졸라매면 희망이 있으리라 기대했다.

주위에도 절약하는 사람이 여럿 있었다. 절약을 바탕으로 재산을 모아 아파트를 사고, 다시 돈을 모아 새로 조성되는 단지로 이사하기도 하는 모습을 보며 많이 배웠다. 사고 싶은 대로 사고, 먹고 싶은 대로 다 먹으면 돈을 모을 수 없을 거라 생각하며 그들을 롤 모델로 삼기도 했다. 아파트가 진정한 내 집이 되도록 만들기 위해, 은행 돈을 갚기 위해 노력을 하기로 결심했다.

02

어느 날
내 돈이 증발했다

+ − × ÷

버는 것은 바늘 하나로 일하는 것처럼 느리다.
그러나 지출은 모래가 빠져나가는 것처럼 빠르다.
- 중국 속담 -

어렸을 적부터 검소했던 나는 결혼하고 살림을 하면서도 사치와 낭비를 하지 않았다. 1994년 600만 원 현금으로 시작했던 우리의 자산은 2000년에 4,000만 원 정도 되었다. 결혼 첫 해에 승용차를 구입하고, 첫째를 단양 친정집에 맡기고 2주에 한 번 꼴로 다니면서 비용 지출이 많았다. 둘째는 아이 돌보는 사람한테 낮에만 맡기면서 보육비와 양육비가 따로 들었다. 두 딸들이 더 커서는 어린이집이나 유치원에 다니면서 비용이 많이 들어갔다. 그랬음에도 불구하고 꾸준히 저축을 했다. 집을 옮길 때마다 대출을 하면서도 집을 키워가는 보람을 느낄 수 있었다.

하지만 나의 돈은 날개를 달고 날아가 버리기 시작했다. 첫 번째 원인은 네트워크 마케팅이었다.

2002년 무더운 여름, 어느 밤에 손님이 찾아왔다. 잘 아는 지인 둘이었다. 좋은 이야기를 해 줄 게 있다고 했다. 그들은 나에게 국산 네트워크 마케팅에 대해 소개했다. 제품 시연부터 다 보여 주었다. 남편과 나는 그 분야 자체를 처음 들어보았다. 하지만 국산이라 가격이 저렴하면서도 품질이 우수해 좋은 평판을 듣고 있다고 했다. 평소처럼 생활용품을 쓰면서 대리점이나 슈퍼에 주던 마진을 소비자가 찾아오는 것이라 했다. 호기심이 생겨 설명회에 참석해 보겠다고 했다.

나는 그 주말부터 강남 수서에 있는 설명회장에 찾아가 다양한 강의를 들었다. 제품에 대해, 보상에 대해 공부를 열심히 한 후 그 일을 소개하러 다녔다. 가족들, 친척들, 친구들 그리고 지인들까지 다 소개했다. 많은 사람들이 호응해 주었고 레벨도 승급되었다. 평소 한곳에서 하루 종일 지내는 일을 하다가 돌아다니는 일을 하니 새로운 느낌이었다. 생활용품에 대해 전문적인 내용을 배우고, 그 내용을 다른 사람들에게 전달하는 것이 행복했다. 평소 주어진 급여만 받다가 나의 노력에 따라 소득이 달라지는 것도 새로웠다.

하지만 문제는 비용이 많이 들어가는 것이었다. 마케팅을 알려 주어야 하는 사람이 있으면 서울, 인천, 경기뿐만 아니라 지방까지 쫓아다녔다. 승용차로 전국을 다니니 기름값과 통행료가 많이 들어갔다. 또 새로운 제품이 나오면 소개하기 전에 먼저 써 봐야 하고, 지인들에게도 샘플로 나눠 줘야 했기에 매달 제품 소비에 들어가는 비용이 대폭 늘어났다. 외모도 꾸며야 해서 꾸밈비도 훨씬 많이 들어갔다. 초기 투자비용에 비해 수입은 적었기에 부족한 부분은 급여로 채워나갔다. 그러다 보니 통장의 잔고는 쌓이지 않았다.

그 일을 하면서 알게 된 후배가 어느 날 전화를 했다. 좋은 아이템이 있다고 했다. 나는 평소 재테크에 관심이 있었기에 흥미롭게 들었다. 그는 굴지의 통신회사에 다니고 있었다. 휴대전화 부속품을 공장에서 받아서 대리점에 도매가로 넘기는 일이었다. 대표적인 것은 충전기였다. 물건을 받으려면 투자를 해야 했다. 600만 원 정도를 투자하고 물건을 받아서 주문하는 매장으로 보내 주었다. 마진율이 좋아서 남편에게도 권해 투자하도록 했다. 처음 한두 번은 돈이 들어왔다. 하지만 이후부터는 제품 주문이 아예 없었다. 나중에는 속을 끓이다가 제품을 다 넘겨 주고는 손을 뗐다. 빚만 고스란히 떠안고 끝이 났다.

어느 날 엄마의 전화를 받았다. 우리 집안 유일한 아들인 넷째가 대부업체 빚에 시달린다는 것이었다. 얼마냐고 물으니 4,000만에서 5,000만 원 정도 되는 것 같다고 하셨다. 남동생은 유난히 몸이 허약했다. 태어날 때부터 약하게 태어나 소아마비인 줄 알았을 정도다. 딸 셋을 낳고 얻은 귀한 아들이라 할머니와 부모님의 사랑을 한 몸에 받았다. 게다가 몸까지 허약하니 얼마나 대접을 받았겠는가. 그로 인해 자라면서 강해지지 못했다. 결핍이란 것을 모르니 세상이 험한 것과 자신을 관리하는 법을 알지 못했다.

엄마의 전화를 받고 고민을 많이 했다. 도와줘야 하나 말아야 하나 갈등했다. 나도 그런 경험이 처음이라 결정을 내리는 게 쉽지 않았다. 그래도 동생이었다. 동생이 힘들면 부모님도 힘드신 것이다. 처음으로 내 이름으로 대출을 받았다. 교직원공제회에서 3,000만 원을 빌려서 부모님께 전달했다. 이걸로 다 갚고 동생에게 다시는 이런 일이 생기지 않도록 당부할 것을 부탁드렸다.

하지만 그 이후 나는 막냇동생에게도 대출을 대신 해 주었다. 내가 땅을 산 것을 보고 막냇동생도 땅을 조금 사고 싶어 했다. 하지만 동생에게는 돈이 없었다. 나는 속상해하는 동생을 보고 마음이 아파 1,500만 원을 대출해 빌려 줬다. 내가 빌려 주지 않으면 부모님께 손을 벌릴까 봐 걱정되어 그런 것도 있다.

어느 날 거절할 수 없는 지인에게 전화가 왔다. 900만 원 정도 빌려 달라고 했다. 순간 그가 점쟁이인 줄 알았다. 왜냐하면 한 달 전에 900만 원 정도의 적금을 탔기 때문이었다. 없는 살림에 아등바등 3년 동안 모은 돈이었다. 이 돈으로 무엇을 할까 한창 신나는 고민 중이었지만 그가 너무나 힘들게 살고 있는 것을 알았기 때문에 도저히 빌려 주지 않을 수 없었다.

또 한 번 지인한테 돈을 빌려주는 일이 있었다. 그는 몇 년 동안 암웨이를 했는데 수당이 많지 않아 돈이 필요하다고 했다. 1,200만 원 정도 빌려줄 수 있냐는 말에 잠시 고민했다. 우리도 워낙 없이 시작해서 이사할 때마다 대출을 늘려가고 있었다. 그런데 얼마나 간절했으면 우리한테까지 부탁을 할까 생각했다. 그 먼 부산에서 인천까지 찾아온 것도 안쓰러웠다. 그래서 남편이 교직원공제회에서 대출을 받아 빌려 주었다. 원금과 이자는 매달 갚기로 했다. 하지만 얼마 가지 않아 원리금은 끊기고 말았다. 우리에게까지 손을 벌렸다면 은행권과 가족들에게서 이미 많은 돈을 빌렸을 것이다. 점점 늘어나는 상환금액에 우리한테까지 갚을 여유가 없었을 것이리라. 우리는 연락하면 독촉으로 보일까 봐, 그쪽에서는 미안해서 서로 연락을 못했다. 10여 년의 세월이 흐르고 다시 만나게 되었을 때 반가움과 함께 어색함이 느껴졌다. 그는 우리에게 매우 미안해했다.

2013년 말, 같은 부서의 부장님으로부터 제자 한 사람을 소개받았다. 보험회사를 거쳐 투자자문회사에서 일하고 있는 사람이라고 했다. 그의 회사는 개인들의 돈을 모아 사모펀드를 운영하고 있었다. 신생기업이나 규모가 작지만 알찬 기업을 선정해 투자를 한다고 했다. 개인들은 300만 원에서 수천만 원까지 투자해 1~2년 안에 팔고 나온다고 했다. 내가 찾고 있던 '비상장회사 투자'였다. 나는 그동안 찾던 투자 방식을 발견하고는 너무 기뻤다. 내가 직접 회사를 방문하고 조사할 필요가 없었다. 투자금도 개인의 상황에 따라 소액으로 가능했다. 자금 회수는 회사별로 약간의 차이가 있지만 1~2년이면 가능하다고 했다. 비록 모아 놓은 돈이 없어도 결코 포기할 수 없는 기회였다. 대출을 받아 3회에 걸쳐 3,000만 원 정도 투자를 감행했다. 이제 1~2년이면 내 돈은 몇 배로 불어날 것이다. 그 돈을 찾으면 빚을 갚으리라 기대했다.

나의 결혼조건에 '돈'은 없었다. 돈은 있다가고 없고, 없다가도 있다는 말을 막연히 믿었다. 내가 비록 지금은 돈이 없지만 알뜰살뜰하게 살림하고 한푼 두푼 모으면 집도 사고, 차도 사고, 해외여행도 다니면서 살 줄 알았다. 하지만 현실은 생각과 너무 달랐다. 친정과 시댁 양가 모두 경제적으로 어렵다 보니 교사 부부인 우리 집이 상대적으로 여유가 있어 보였나 보다. 양쪽으로 퍼 주다가 결국 나의 통장은 잔고가 바닥이 나고, 몇천만 원의 빚만 남게 되었다. 게다가 돈에 대한 욕심으로 엉뚱한 투자를 해 빚 통장은 엄청나게 불어나 있었다. 막연히 투자하면 돈이 들어오는 것으로 생각했다. 그리하여 가족에게, 지인에게 퍼 주고, 누군가 투자하라고 하면 묻지도 따지지도 않고 투자해 결국 빚더미에 올라앉게 된 것이다.

03

과욕이 불러온 비극

$$+ - \times \div$$

빚을 지는 것은 노예가 되는 것이다.
– 랠프 월도 에머슨 –

"언니 요즘 뭐 해? 난 지금 부동산에 다니는데, 이천에 좋은 땅이 나왔어. 같이 보러 가자."

2010년 가을, 막냇동생의 전화를 받았다. 나랑 가까이에 살면서 다른 형제들보다는 자주 보는 데다 맏이와 막내의 관계라 그런지 애착이 많이 가는 동생이다. 막내는 결혼 후 보습학원에서 학생들을 가르쳤다. 그러다 학원이 어려워지면서 그곳을 그만두었다. 여러 일을 하다가 이번에는 부동산에서 일한다고 했다. 궁금증이 일어 동생이 근무하는 '○○종합개발'로 찾아갔다. 그곳에서 과장이라는 사람이 땅에 대해 브리핑을 하기 시작했다. 동생이 소개하는 자리였기에 일단 들어보기로 했다.

분양하는 땅은 이천 지역에 있었다. 이천은 수도권에서 가깝고 하이닉스 공장도 있는 지역이다. 또 평창 올림픽을 위해 도로나 철길이 난다고 했다. 그리고 SK에서 이천 지역을 개발하기 위한 준비를 하고 있다고 했다. 다른 회사는 개별 등기를 안 해 주지만 그 회사는 분할해 개별 등기를 해 준다고 했다. 그날의 설명은 나의 호기심을 자극했다.

나는 기획부동산에 대해 이미 알고 있었다. 몇 년 전 지인이 강남에서 만나자고 했다. 지인은 나를 어떤 사무실로 데리고 갔다. 앞쪽에는 지도가 있었고 그 회사의 간부인 듯한 사람이 설명을 했다. 지금 분양하고 있는 땅은 원주 지역인데 혁신도시로 지정되어 땅값이 많이 오를 것이라 했다. 다만 나의 이름으로 개별 등기를 할 수는 없고 지분 등기를 하는 것이라 했다. 그 땅 전체가 개발 지역으로 되면 높은 값으로 팔면 되는 것이라면서.

짧은 시간에 많은 생각이 들었다. '만약 개발이 되지 않는다면?', '많은 소유자들 중 한 사람이라도 땅을 팔지 않는다고 하면?' 결국 나는 이상하다는 생각에 설명만 듣고 와 버렸다. 그리고 모아놓은 돈도 없었다.

그 뒤로도 몇 명에게서 기획부동산에 대해 소개를 받았다. 지역도 여주, 평창, 제주도 등 전국적으로 다양했다. 방송에서도 기획부동산은 사기라는 내용이 나왔다. 방송을 보면서 그때 땅을 안 사기를 잘했다는 생각을 했던 기억이 있다.

하지만 이번에는 달랐다. 내 인생의 최대 기회라는 생각이 들었다. 그동안 읽었던 재테크 도서의 내용들이 생각났다. 나 같은 서민이 월급으로 부자 되기에는 불가능한 세상이다. 하지만 부동산은 사 두기만 하면 된다. 아파트나 주택은 오르는 데 한계가 있지만 땅은 한계도 없다. 개발 호재가 있다면 당연히 오를 것이다. 지역도 원주가 아닌 이천이잖은가.

개별 등기를 해 준다는 것도 안심이 되었다. 일단 사 두면 개발이 되어 비싸게 팔면 좋고, 만약 안 오르면 집을 지어도 된다고 생각했다. 혹시 돈이 필요하면 팔면 되는 것이다. 이천인데 설마 안 팔리기야 하겠는가.

나는 동생, 과장과 함께 이천에 땅을 보러 갔다. 작은 야산이었고 앞쪽에는 도랑도 있었다. 그걸 활용할 수도 있다고 했다. 근처에 도로가 날 것이고, 개발되면 땅값은 몇 배가 뛴다고 했다.

1차는 100평으로, 평당 60만 원이었다. 6,000만 원이 필요했다. 모은 돈이 없으니 은행의 문을 두드릴 수밖에 없었다. 연금담보로 생활안정자금을 빌리니 쉽게 나왔다. 교사라는 직업이 참 다행스럽다는 생각을 했다.

얼마 후 포천 산정호수 앞에 또 땅이 나왔다고 했다. 평단가 40만 원으로, 100평을 구입하기 위해 4,000만 원을 또 대출했다. 한 번 대출을 하고 나니 두 번 하는 것은 쉬웠다. 처음 은행에 갔을 때의

쭈뼛거림은 이젠 없었다. 이번에는 교사라는 직업으로 신용대출을 했다. 이자율이 1% 정도 높았지만 곧바로 대출이 되었다. 교사의 신용이 좋다는 것을 알게 되었다.

다시 동생에게 연락이 왔다. SK에서 이천에 온천 관광지로 개발하려는 지역인데 평당 80만 원이라고 했다. 나는 30평을 구입했다. 대기업에서 개발하면 그 땅이 몇 배로 뛸 것인가. 생각만 해도 잠이 오지 않았다. 혹 상가지역으로 편입되면 평당 수백만 원이 된다는 말도 그대로 믿었다. 이번에도 대출을 감행했다. 이미 대출에 대한 걱정은 전혀 들지 않았다.

땅을 구입하는 데 들어간 금액은 모두 1억 5,000만 원이었다. 동생도 땅을 좀 사고 싶다고 해서 1,500만 원을 빌려 줬다. 세금까지 합치면 1억 8,000만 원이 넘었고 모두 대출로 해결했다.

나의 총 대출액은 2억 원 정도였다. 기획부동산 구입을 위한 빚 이외에 몇 년 전 남동생의 빚을 대신 갚아 주기 위해 공무원연금관리공단에서 받은 대출금도 2,000만 원 정도 남아 있었다.

가끔씩 그 땅이 잘못되면 어쩌나 하는 걱정이 살짝 스쳐가기도 했다. 하지만 그 땅을 소개해 준 사람은 바로 나의 피붙이 동생이 아닌가. 설마 동생이 나에게 사기를 치겠는가. 나한테 잘못된 정보를 주지는 않을 것이라 생각했다. 이제 몇 년 후면 대박이 날 것을 기대했다.

3년 정도 이자를 갚다 보면 땅이 개발될 것이고 그때 땅값을 두세 배쯤 올려서 팔면 된다고 생각했다. '지금은 투자를 한 것이다. 돈이 나를 위해 일하는 시스템을 만든 것이다'라고 스스로를 안심시켰다. 3년을 기다려서 안 되면 5년, 아니면 10년을 기다리면 되는 것이다. 매월 60만 원의 이자만 갚으면 되니 부담스럽지도 않았다. 20년 경력이 넘은 나의 월급으로는 충분히 갚을 수 있었다. 이자를 내면서도 내가 생활하는 데는 전혀 지장이 없었다.

맞벌이도 안심할 수 있는 장치였다. 매월 두 사람의 급여가 들어오기에 수입은 넉넉했다. 언제든지 마음만 먹으면 갚을 수 있는 대출이라 여겼다. 그렇게 나의 빚은 붙박이로 붙어 있었다.

하지만 기획부동산은 사기였다. 몇 년 후 막냇동생은 퇴사를 했다. 그 기획부동산 임원들이 모두 구속되었다고 했다. 사람들이 사기라고 고소, 고발을 했다는 것이다. 그때서야 크게 잘못된 것을 알았다. 기획부동산에 대해 인터넷 검색을 했다. 기획부동산은 쓸모없는 야산을 사서 분할해 비싸게 파는 것이다. 하지만 큰 땅을 수십 명이 공동 소유하고 있는 것으로 되어 있어서 각자 재산권을 행사할 수가 없다는 것이다.

나도 고발을 하고 싶었다. 하지만 개발될 것이라든가 하는 증거를 대야만 한다고 했다. 녹음자료나 광고지, 사진이라도 있어야 증거로 인정을 받는다고 했다. 나에겐 그런 것이 전혀 없었다. 또 경찰서를 찾아가고 하는 것이 복잡하고 시간도 걸려 포기했다. 나를 안내한 사람이 동생이라 내가 고발을 하면 동생에게 피해가 갈까 봐 염려도 되었다.

나의 부동산은 10년이 되어가는 지금까지 그대로다. 이천 땅은 매년 토지세만 내고 있다. 포천 땅은 토지세도 나오지 않는다. 지금도 생각하면 화가 치밀어 오른다. 재산권 행사도 못하게 땅을 파는 것이 어디에 있단 말인가?

가만히 생각해 보면 모든 것은 나의 탐욕이 불러온 비극이었다. 욕심만 앞섰지, 꼼꼼하게 따져 보고 공부할 생각을 하지 않았다. 남의 말을 곧이곧대로 믿은 것이다. 만약 그 땅이 그렇게 투자 가치가 있고 좋으면 자기들이 통째로 사서 들고 있지, 그것을 쪼개어 팔겠는가? 앞으로는 신중하고 철저하게 준비하고 투자해야 한다는 결심을 하는 계기가 되었다. 비싼 수업료를 들이고 얻은 결론이다.

04

겉은 번듯한 교사,
실상은 빚더미

+ − × ÷

빚을 지고 내일 일어나기보다 오늘밤 먹지 않고 잠자라.
− 벤저민 프랭클린 −

나는 교직 경력 28년 차 중등 교사다. 1991년 9월에 처음 발령을 받았다. 초임 발령을 받은 곳은 모교인 시골 중학교였다. 모교에 발령을 받으니 감회가 새로웠다. 초임지이다 보니 동료들과 잘 지냈다. 서로 연령대도 비슷하고 취미도 잘 맞아 잘 어울렸다. 학생들도 순박하고 정이 많아 좋은 관계를 유지했다.

그곳에서 2년 6개월을 근무하고 타시도 전출을 신청했다. 결혼을 하면서 수도권의 도시로 가고 싶었기 때문이다. 경기도 이천에서 1년 근무한 후, 인천으로 이동해 21년을 근무했다. 그리고 다시 충북으로 이동해 3년을 근무했으니, 교직 경력이 총 27년 6개월이 되었다.

30여 년 가까운 세월 동안 교사로 근무하면서 보람 있는 시간들이 많았다. 성장하는 학생들을 해마다 만난다는 것은 내 생에 큰 축복이었다. 1318세대의 학생들이 3년 동안 커가는 것도 신기하고, 사회에 나가 어엿한 어른으로 성장하는 것을 보며 더 큰 보람을 느꼈다.

고향에 내려오니 초임 때 가르쳤던 학생들을 만나곤 한다. 그 당시 16세였던 학생들은 이제 44세가 된다. 중학교 시절 산골에서 순진한 모습으로 자랐던 제자들이 마흔이 넘어 같이 늙어가는 모습을 보는 것은 신기한 일이다. 특히 고향을 지키며 살아가는 제자들은 대견스럽다. 직업도 다양해 소방관, 공무원, 독서 전문가로서의 삶을 살아가고 있다. 요즘은 가끔 그런 제자들을 만나 식사를 하고 차도 마시면서 세상 살아가는 이야기를 하곤 한다. 나이도 10년 정도밖에 차이 나지 않아 같이 늙어가는 모습이 감동스럽기도 하다.

내가 만났던 제자 중에 아이돌그룹 슈퍼주니어의 려욱도 있다. 중학교 2학년 때 나의 옆 반 학생이었는데, 그때도 성실하고 공부를 열심히 했다. 단짝 친구와 국어 수업 준비를 하곤 했던 모습이 눈에 선하다.

대한민국에서 교사로 산다는 것은 수많은 제자들을 키워 내고 그들의 성장에 영향을 미친다는 것이다. 제자들이 잘되는 것만 보아도 큰 보람을 느낀다.

하지만 교직생활에 보람만 있는 것은 아니었다. 어느 날 정신을 차리고 보니 엄청난 빚더미가 쌓여 있었다. 교직생활 20년이 넘어가면서 1억 8,000만 원이란 빚을 지게 된 것이다. 나는 정년 전에 명예퇴직을 하고 싶었는데 빚을 갚지 못해 계속 근무해야 하는 상황이 되었다.

대한민국에서는 20대부터 빚 없이는 살기 어렵다. 대학생이 되면 학자금 대출로 시작한다. 생활자금 대출을 받는 대학생도 있다. 취업을 하면 몇 년 동안 학자금 대출부터 갚아야 하는 구조다. 취업을 하고 주거하는 곳은 주로 원룸이나 오피스텔이다. 월세는 급여에서 차지하는 비중이 아주 높다. 급여를 타도 알뜰살뜰 저축하는 시절은 지나갔다고 본다. 매달 생활비로 많은 돈이 나간다. 교통비도 무시할 수 없다. 대중교통을 이용하기 어려울 경우 자동차를 산다. 그럼 또 할부가 시작되고, 세금과 보험, 기름값이라는 빨대로 월급이 빠져 나간다.

결혼을 하면 담보대출을 받는다. 외벌이는 말할 것도 없고 맞벌이를 해도 담보대출은 피할 수 없다. 우리나라 집값은 매우 높다. 지방이라 좀 싸다고 해도 신축아파트는 도시와 큰 차이가 나지 않는다. 평당 건축비가 있기 때문이다. 나도 결혼 후 1년 뒤 방 2칸 반지하 빌라에 입주할 때부터 담보대출을 받았다. 그 뒤로 평수를 넓혀 갈 때마다 담보대출을 피할 수 없었다.

아이들이 태어나면서 월급은 양육과 교육에 다 들어갔다. 갓난아기 때는 브랜드 놀이용품이나 세트 도서 구매에 목돈이 들어갔고, 어린이집이나 유치원에 가면서 사교육이 시작되었다. 난 가구나 살림살이에는 욕심이 없었지만 자녀교육은 욕심이 많았다. 프뢰벨, 몬테소리 같은 놀이용품이나 세트 도서 구매에 수백만 원을 들였다. 유치원도 영재유치원, 영어유치원 같은 곳으로 보내다 보니 교육비가 엄청 많이 들어갔다.

초등학교에 들어가면서는 속독학원, 태권도, 피아노 학원 등에 보냈다. 맞벌이를 하다 보니 오후에 아이들을 돌볼 곳을 찾아 학원을 보낸 것이다. 집에서 마음껏 놀게 하고 싶은 생각도 있었다. 하지만 아이들만 집에 두면 위험해서 그럴 수 없었다.

아이들이 중·고등학교를 다니면서 사교육비는 기하급수적으로 늘어났다. 우리 아이들은 공부를 잘하는 편이 아니었다. 나도 공부만 했던 학창시절에 대한 반감으로 아이들에게 공부를 강요하지 않았다. 아이들이 자신의 적성에 맞는 진로를 찾기를 바랐다. 공부를 잘하면 공부 쪽으로만 진로를 정할까 걱정되었다. 그래도 기본적인 학원과 학교 방과 후 수업, 급식비 등으로 소비가 일어났다. 그때 시어머니도 병환이 드셔서 요양원으로 가셨기에 비용이 더 들어갔다.

내 이름으로 빚이 늘어난 것은 남동생의 빚을 대신 갚으면서부터다. 남동생은 베트남 여성과 국제결혼을 했다. 당시 동생은 시멘트 회사의 하청 회사 직원으로 일을 하고 있었다. 시골이다 보니 주위에 미혼 여성을 찾을 수 없었다. 남동생은 왜소하고 경제 상황도 좋지 않다 보니 결혼을 적극적으로 추진하기도 어려웠다. 이웃 중에 베트남 여성과 국제결혼을 해서 자식을 낳고 잘 사는 사람들이 있었다. 부모님은 남동생을 그렇게라도 결혼을 시켜야겠다고 생각하셨다. 중개업체를 통해 베트남으로 갔다. 다른 사람들은 신랑될 사람만 갔지만 우리 부모님은 동생과 동행을 하셨다. 20여 년 전인데도 중개업체에 내는 비용만 1,500만 원이 들었다. 그 비용도 모두 부모님이 감당하셨다.

결혼하고 2년 뒤 남동생은 쌍둥이 아들을 낳았다. 튼실하고 예쁜 아이들이었다. 하지만 동생의 건강은 나빠지고 있었다. 매일 술을 마시고 들어오거나 노름을 했기 때문이다. 월급을 타도 집에 가져다주지 않았다. 나중에 들어 보니 술이 취하면 무조건 카드를 팍팍 긁었다고 한다. 카드 비용을 감당할 수 없자 대부업체에 손을 내민 것이다. 카드빚, 대부업체 빚, 은행권의 빚까지 해서 엄청난 빚을 갚지 못하자 그 돈이 연체가 되고 말았다.

남동생은 감당할 수 없는 상황이 되고 나서야 아버지께 말씀드렸다. 하지만 시골에서 농사를 지으며 생계를 유지하시는 부모님께 그런 큰돈이 어디 있겠는가. 결국 부모님은 나에게 도움을 요청하셨고, 나는 고민하다 남동생이 아니라 부모님을 돕는 마음으로 3,000만 원을 빌려서 드렸다. 그 뒤에도 네트워크사업으로 인한 과

소비, 휴대전화 자재사업비, 기획부동산 사기, 대출받아 막냇동생에게 돈 빌려 주기 등으로 2억 원의 빚이 발생했다.

겉모습은 그럴듯한 중등 교사지만 속은 빚더미에 대한 고민으로 까맣게 타들어가고 있었다. 이 간극을 어떻게든 해결해야 했다. 누구에게 이야기할 수도 없었다. 아파트 담보대출도 아니고 순수 신용대출이 그렇게 많으니 이것을 도대체 무엇으로 감당한단 말인가.

잠이 오지 않았다. 왜 그렇게 무모하게 살았던가. 결혼 후 10년 동안 지켜왔던 절약과 근검의 삶이 아무 소용이 없었다. 엄청난 빚더미를 해결할 대책이 아무것도 없었다. 주위에 거부(巨富)가 있어 나의 빚을 갚아 줬으면 좋겠다는 말도 안 되는 꿈만 꿀 뿐이었다.

나쁜 방법도 생각했다. 겉과 속이 다른 이 아이러니한 상황으로 자존심이 무너졌다. 무너진 자존심을 세울 방법이 없을까. 방법을 찾기 시작했다. 인터넷에서 '빚', '대출'을 검색했다. 많은 글들이 있었다. 나와 비슷한 처지의 사람도 있었고, 빚을 해결하고 부의 삶을 사는 사람도 있었다. 나도 '빚'이 아닌 '빛'의 삶을 살고 싶었다. 그 방법은 대체 어디에 있을까.

05

인생 최악의 상황을
마주하다

$+ - \times \div$

가난한 친척들이 진 빚을 갚을 일이 없었다면
나는 예술작품을 창조하느라고 고민하지 않았을 것이다.
– 미켈란젤로 부오나로티 –

"고객님의 카드 대금이 연체되었습니다."

어느 날 카드사에서 문자가 왔다. 대출한 지 3년이 넘어가고 있
던 날이었다. 무슨 일일까? 빚이 얼마이고, 소비를 얼마나 했기에
카드대금이 연체된다는 말인가. 내 월급이 얼마인데 이런 일이 벌
어진 걸까.

지난 3년의 세월을 돌아봤다. 땅 투자를 하고, 비상장 투자를
해 대출이 2억 원이었다. 하지만 급여도 많으니 별 걱정이 없었다.
이자로만 70만 원 정도 지출하고 있었기에 그리 염려할 상황은 아
니라고 생각했다.

하지만 계획 없이 쓰다 보니 놓친 부분이 많았다. 보험이 그대로 유지되고 있었다. 막냇동생이 제주도에서 생명보험회사에 다닌 적이 있었는데 그때 넣은 보험이 그대로 들어가고 있었다. 월 13만 원대였지만 지출이 많은 상황에서는 그것도 부담스러웠다. 또 앞집 아주머니가 보험회사에 다녀서 두 딸의 실손보험을 들어 놓기도 했다.

큰딸에게도 1년 동안 많은 비용이 지출되었다. 고3이 된 큰딸이 갑자기 자신은 운동을 할 때 가장 행복하다면서 체대입시학원에 보내 달라고 했다. 진작 체육 특기생을 시켜 줬으면 잘했을 거라면서 체육선수로 키우지 않은 부모를 원망하기까지 했다.

큰딸은 어려서부터 공부를 별로 좋아하지 않았다. 공부를 시키려고 하면 머리가 아프다고 했다. 초등학교에 다닐 때는 피아노 학원과 태권도 학원을 주로 보냈다. 영어, 수학 학원을 보내기는 했었지만 그 기간이 길지는 않았다. 공부에는 재능이 없는 것이라 여겨 강요하지 않았다.

큰딸은 중학교 2학년 때 운동을 했었다. 중학교 2학년 때 담임 선생님은 여자 체육 선생님이었는데, 당시 전국적으로 유행하던 음악줄넘기를 지도하는 분이었다. 운동을 좋아하던 딸은 음악줄넘기 동아리에 가입했다. 날마다 줄넘기를 하면서 너무 재미있어하고 행복해했다. 성격도 밝아졌다. 원래도 낙천적이긴 했지만 소극적이고 자신감도 부족해서 걱정했었는데 음악줄넘기를 하면서 친구 관계가 좋아지고, 대회에 나가면서 자신감도 생겼다. 너무 활동해서 남자아이 같다는 생각을 할 정도였다.

고등학교에 가서도 줄넘기 동아리를 계속했다. 지도해 주시는 선생님은 없었지만 몇몇 친구들과 동아리를 만들어 자체적으로 연습했다. 체육대회에서 발표도 하고, 동아리 대회에 출전하기도 했다. 학생회에서 체육부장을 하면서 학교생활을 아주 즐겁게 했다. 하지만 3학년이 되어서는 공부만 하기로 결심했기에 체육에 대한 미련은 없는 줄 알았다.

그런데 갑자기 체대입시학원에 보내 달라고 한 것이다. 아무래도 체육만이 자기의 갈 길인 것 같다면서, 자신의 꿈은 체육교사가 되거나 체육과 관련된 직업을 갖는 것이라고 했다. 꿈을 막을 수는 없었다. 월 40만 원 정도의 체대입시학원에 보냈다. 주중에는 3회 운동하고, 주말에도 연습을 했다.

체육학원은 학원비 외에도 복장이나 특별훈련비도 있었다. 수능이 끝나고 실기를 준비하는 두 달 동안 특별훈련비가 200만 원 정도 들었다. 결과적으로 1년도 안 되는 기간의 학원비로 500만 원이 넘게 들어갔다. 하지만 딸이 꿈을 이루겠다는데 당연히 지원해 줘야 한다고 생각했다. 만약 못해 주면 나중에 얼마나 부모를 원망하겠는가.

나의 소비도 계속되고 있었다. 주말마다 마트에서 장을 봤는데 한 번 가면 20만 원 정도 썼다. 직장에서 동료 교사들과 어울려 식사를 하거나 회식을 할 때 한 턱씩 쏘곤 했다. 다른 사람들과 식사를 할 때 누가 낼까 눈치 보는 것이 너무 싫었기 때문이다.

2년 동안 섬에서 교직생활을 한 적이 있다. 일요일 저녁에 들어가서 금요일 오후에 집으로 왔다. 교통비도 들고, 자취생활 도구들도 사야 했다. 첫 해에는 작은딸과 함께 살았고, 2년째는 혼자 살았다. 한두 명이 살아도 사람이 살아가는 데 필요한 용품들은 다 있어야 했다. 생활비가 이중으로 들었다.

그래도 그렇지. 어제가 월급날이었는데 하루 만에 대금이 모자라다니. 대출은 생각하지 않고 카드를 팍팍 긁은 결과였다. 머릿속이 하얘졌다. 내 인생 최악의 상황을 맞이한 것이다. 카드대금을 막을 방법을 생각해 봤다. 부모님께 빌릴까? 안 되는 일이다. 내 상황을 아신다면 엄청 걱정을 하실 것이다. 동생들에게 구해 볼까? 그것도 아니다. 교사인 언니가 돈을 빌린다는 것은 말이 안 되는 일이다. 동생들을 걱정하게 만들 수 없었다. 그리고 맏언니로서의 체면이 구겨지는 것이다.

은행권에서는 이미 대출한도가 넘어서 있었다. 카드론이 생각났다. 급하게 카드회사 홈페이지에 들어갔다. 국민카드, 롯데카드, 농협카드 모두 들어가 보았다. 주거래 은행인 국민카드에서 카드론 대출을 해 겨우 해결했다. 카드론 대출이 그렇게 고맙게 느껴진 것은 처음이었다. 그 후에도 몇 달을 카드론으로 카드대금을 막곤 했다. 처음에는 100만 원 정도로 시작했으나 몇 달 지나면서 1,000만 원을 넘기도 했다. 도대체 나의 빚은 얼마나 많은 것인가.

나는 대출 현황을 정리해 보기로 했다. 국민은행에 1억 3,000만 원, 공무원연금공단 2,000만 원, 교직원공제회 3,000만 원 해서 모두 합하니 1억 8,000만 원이었다. 연봉은 실수령 5,000만 원 정도였으니 안 먹고 안 쓰고 연 1,000만 원씩 갚으면 18년이었다. 퇴직할 때까지도 못 갚는 액수였다. 퇴직금을 빚 갚는 데 쓰고 나면 연금이 사라지는 것이다. 내 인생 최악의 상황을 헤쳐 나갈 방법은 정녕 없단 말인가.

문득 《누가 내 치즈를 옮겼을까》라는 책이 생각났다. 그 책을 알게 된 것은 학생들의 방학과제인 독후감을 통해서였다. 독후감을 읽으며 파악한 내용이 흥미로워 당장 책을 구해서 읽었다. 두 마리 생쥐와 두 명의 인간은 갇힌 창고에서 치즈를 발견하고 맛있게 먹는다. 치즈가 점차 없어지자 생쥐들은 새로운 치즈를 찾아 떠난다. 두 명의 인간은 나중에 치즈가 없어진 것을 알고 분노한다. 한 명은 새로운 치즈를 찾아 떠나지만 한 명의 인간은 남아 있다가 굶주려 죽음을 맞이한다는 내용이었다.

내 삶이 이와 같다고 느껴졌다. 내 월급이 매달 어디로 새고 있는지 체크를 못하고 있었다. 내 빚이 얼마나 늘어나고 있는지 전혀 모르고 있었다. 감당할 수 없는 상황이 되어서야 현실을 깨닫게 된 것이다. 하지만 손쓰기에는 엄청난 빚이 쌓여 있었다. 대체 내 치즈는 어디로 갔단 말인가? 새로운 치즈는 어디에 있단 말인가?

남편과의 사이도 멀어지기 시작했다. 남편은 나중에 상황을 알고 분노했다. 자신에게 한마디 의견도 없이 일을 벌인 사실에 배신감을 느꼈다고 했다. 그렇다고 사과하고 협력하기에는 내 자존심이 너무 상했다. 그때부터 우리의 경제 관리는 각자의 몫이 되었다. 남편은 근검과 절약이 몸에 배어 있어 재정 관리를 잘했다. 반면에 나는 마음이 약해 동생들이 어려운 상황을 보고 안쓰러워 돈을 빌려 주고 받지 못했다. 게다가 투자에 대한 권유를 받으면 솔깃해 꼼꼼히 따지지 않고 일을 벌였다. 재정 관리 방법의 차이는 결국 엄청난 재산의 차이를 불러 오는 계기가 되었다.

06

바닥까지 가 봐야
알 수 있는 것들

+ − × ÷

빚은 노예의 사슬과 같다. 빚이 없으면 우리 삶은 훨씬 더 자유로울 수 있다.
자유로운 삶은 행복의 중요한 전제 조건이다.
– 테리 햄튼 –

불행은 혼자 오지 않는다.

살아 있어도 사는 것이 아니다.

인생의 바닥까지 떨어지고 나서 느낀 점들이다. 나에게도 나쁜
상황은 한 번에 닥쳐왔다. 2005년부터 경제적 상황이 안 좋아졌는
데, 그동안 건강하게 장수하시던 할머니께서 갑자기 입원하시는 일
까지 생겼다. 여섯 살 된 쌍둥이 손주들이 장난을 친답시고 할머
니 등에 올라타면서 넘어지셨다고 했다. 당시 연세가 90세였다. 할
머니는 허리뼈를 크게 다치셨고 그 길로 집으로 돌아오지 못하셨
다. 요양등급을 받으신 후 요양원에 입원하셨고 10여 년을 계시다

2018년 4월에 돌아가셨다.

　나에게 할머니는 엄마보다 가까운 존재였다. 내가 태어나고 1년 6개월 뒤 동생이 태어났다. 나는 그때부터 할머니에게 맡겨졌다. 할머니와 나는 잠시도 떨어지지 않고 어디든 함께했으며, 잠도 같이 잤다. 그래서인지 할머니가 어디 다녀오시면 동생들은 "언니네 할머니 오신다."라고 외칠 정도였다.

　나는 중학교 3학년부터 자취생활을 했다. 집이 산 중턱에 있다 보니 통학에 시간이 많이 걸리고, 야간자율학습에도 빠지고 싶지 않아 아버지께 말씀드려서 학교 근처에 단칸방을 구해 중학교 1,2학년인 동생들과 함께 살게 되었다. 그때부터 할머니께서 우리를 위해 고생하셨다. 내가 고등학교를 졸업할 때까지 총 4년 동안 살림을 책임지셨다. 할머니는 나에게 엄마보다 가까운 존재, 아니, 엄마였다.

　할머니가 요양원에 가시고 1년 뒤, 베트남에서 시집온 올케가 집을 나갔다. 올케는 참 착해서 시할머니, 시부모, 남편, 쌍둥이 아들들이 있는 대가족 안에서 자신의 역할을 잘해냈었다. 결혼 2년 후, 떡두꺼비 같은 쌍둥이를 낳았을 때 우리 집은 그야말로 경사였다. 올케는 집안 살림도 빠릿빠릿하게 잘했고, 어른들의 말씀도 잘 들었다. 아버지가 농사일을 많이 하셔서 집안일이 많은데도 불평 없이 잘해냈다. 아버지는 그런 올케가 기특하고 불쌍해서 때때로 금전적인 보상을 하셨다.

몇 년이 지나 남동생이 술과 노름 때문에 낸 빚이 연체되면서 집안 형편이 많이 기울었다. 나와 아버지가 수천만 원을 갚아 주었지만 남동생의 습관은 나아지지 않았다. 올케는 아버지에게 돈을 좀 달라고 했다. 아버지는 농사를 마무리하고 담배 수납을 하고 나면 돈이 생길 테니 그때 가서 준다고 했다.

쌍둥이들이 다섯 살 정도 되었을 때 엄마는 올케에게 휴대전화를 마련해 주셨다. 그녀는 어느 날 읍내 약국에 다녀온다고 나가서 돌아오지 않았다. 수소문해 봤지만 찾을 수 없었다. 그 무렵 인근 지역의 다문화 가정 아내들이 집을 떠나고 있었다. 나중에 들어 보니 악덕 브로커들이 이주 여성들에게 돈을 벌게 해 주겠다며 다른 곳으로 취직을 시켜 줬다는 것이다. 어린 쌍둥이들이 한없이 불쌍할 뿐이었다.

몇 개월이 지난 뒤 올케가 돌아왔다. 안산의 어느 오리구이집에서 식당일을 하면서 지냈다고 했다. 쌍둥이들이 울며불며 좋아했다. 엄마만 졸졸졸 쫓아다니며 기뻐했다. 자기가 말 잘 들으면 안 떠날 거냐며 묻고 또 물었다.

하지만 며칠 뒤 올케는 다시 떠났다. 이번에는 자신의 모든 물건을 챙겨서 베트남으로 출국했다. 올케가 떠나던 날 공항 출입국 관리사무소에서 아버지에게 전화가 왔다. 올케가 베트남으로 들어간다고. 혹시 강제로 출국을 막을 수 있냐고 했더니 그럴 수는 없다고 했다. 그러면 그냥 보내라고 하셨다.

세 번째는 엄마의 위암 발병이었다. 내가 섬에 들어간 지 채 한 달도 안 되었을 때다. 별일 없냐고 전화했더니 위암이라고 하셨다. 순간 말도 안 된다고 생각했다. 아니, 공기 좋은 시골에서 열심히 일하면서 사시는데 암이라니.

생각해 보면 엄마가 편찮으신 것은 이유가 있었다. 할머니가 요양원에 가신 것도, 남동생이 술과 노름을 해서 빚을 진 것도, 올케가 집을 나간 것도 모두 엄마에게는 극심한 스트레스였을 것이다. 또 우리 외가에는 암 가족력이 있다. 외할아버지와 큰외삼촌이 모두 암으로 돌아가셨다.

처음에 엄마는 너무 힘들어하셨다. 마침 1월부터 남동생이 회사에서 해고되어 집에 있었다. 남동생은 몇 년 전부터 당뇨 수치가 너무 높아 병원 치료를 받고 있었다. 회사에서는 심한 당뇨환자에게 더 이상 일을 시킬 수 없다고 했다. 3월 말 농사일을 시작해야 하는 중요한 시기였지만 아버지는 엄마가 수술과 항암을 하실 수 있도록 지원하셨다.

엄마는 제천의 한 병원에서 암 수술을 하셨다. 서울의 암 전문 병원은 예약 대기가 한 달 이상 밀려 있었고, 간병하기에도 좋지 않았기 때문이다. 항암치료는 제주대학병원에서 하셨다. 동생 두 명이 제주도에서 살고 있었기 때문이다. 엄마는 10여 차례 항암을 하실 때마다 1주일 정도씩 제주도에 다녀오셨다.

항암을 마치고 10월쯤에는 경주에 있는 암환우들을 위한 자연

치료원으로 들어가셨다. 엄마는 그곳에서 자연식이요법과 치료요법을 하시면서 상태가 많이 호전되셨다. 섭생과 치료를 잘한다면 엄마가 건강을 찾을 수 있을 거라는 생각도 들었다.

자연치료원에서 지낸 지 4개월이 넘었을 때, 보험 적용을 받는 날수가 다 되어 퇴원하셨다. 6개월쯤 집에 계시다가 다시 들어갈 계획이었다. 집에서 요양과 치료를 잘하면 금방 회복되리라 기대했다. 하지만 현실은 녹록지 않았다.

아버지는 엄마의 치료와 약값이 들어가기에 농사일을 접지 못하셨다. 남동생은 당뇨가 심한데도 술과 담배를 끊지 못했다. 어린 조카들은 초등학교 1학년이 되어 한창 엄마의 손길이 필요한 때였다. 엄마는 맘 편히 쉬실 수가 없었다. 환자임에도 식사를 준비하고, 봄나물을 뜯고, 고사리나 뽕잎 같은 것들을 말려서 저장하셨다. 빨래와 집안일들이 쌓여 있었고 손주들은 손길이 많이 필요했다.

난 그때도 섬에 있어서 친정에 자주 다니지 못했다. 6월쯤, 엄마는 내가 살고 있는 섬에 와보고 싶다고 하셨다. 아버지가 인천항까지 태워다 주셨다. 엄마와 섬의 관사에서 일주일을 함께 보냈다. 앙상하게 마르신 모습이 안쓰럽고 애처로웠다. 엄마를 잘 모시고 싶었지만 업무가 바쁘다는 핑계로 잘 돌봐 드리지도 못했다. 엄마는 건강 상태가 나빠지는 걸 직감하시고 내가 사는 곳에 꼭 와 보고 싶으셨던 것 같다.

나는 7월 중순 여름방학을 하자마자 친정으로 내려갔다. 엄마는 상태가 악화되어 입원하셨다. 그해 담배농사는 대풍이었다. 담뱃잎을 따는 마지막 날 아침이었다. 전날 밤 아버지와 남동생은 집으로 돌아가고 나만 병원에 남아 있었다. 엄마는 밤새 극심한 통증에 고통스러워하셨다. 말씀도 못하실 정도였다. 난 차라리 엄마가 하늘나라로 가시는 것이 고통에서 해방되는 것이라는 생각이 들었다. 8월 9일 아침 8시 20분경, 엄마는 편안한 얼굴로 떠나셨다. 나는 엄마에게 말씀드렸다.

"엄마, 이 생은 너무 힘들게 사셨어요. 더 이상 눈물도 고통도 없는 하늘나라에서 편안하게 지내셔요."

엄마가 그렇게 떠나신 후 많은 후회가 밀려왔다. 가장 후회스러운 것은 자연치유병원에서 퇴원시킨 것이다. 물론 엄마와 아버지의 결정이셨지만 결정적인 문제는 돈이었다. 난 그동안 여러 번의 투자 실패로 빚더미에서 살고 있었다. 때문에 엄마가 투병하실 때나 자연치료로 좋다는 약을 구입하실 때 많이 도움을 드리지 못했다.

만약 내가 빚이 없어서 엄마의 건강을 위해 그 돈을 썼다면 어떻게 되었을까? 보험 적용을 받지 못하더라도 한 달에 200~300만 원 정도면 자연치유병원에서 계속 생활하실 수 있었다. 그곳에서 계속 치료를 받으셨다면 엄마는 지금까지 살아계셨을 거란 생각이 든다.

돈이라는 것을 엉뚱한 투자로 날려버리고 빚더미에서 신음하는 상황이 되자 더 이상 이렇게 살아서는 안 되겠다는 생각이 들었다. 바닥까지 가고 나서야 인간에게 돈이 얼마나 중요한 것인지 알게 되었다. 지금까지 살던 대로 살면 가난을 벗어나지 못할 것이라는 생각이 들었다. 방법을 찾기로 했다.

07

처절하게 써 내려간
빛 보고서

+ − × ÷

빚을 갚는 것은 수입의 문제가 아니다. 그것은 인품의 문제다.
- P. 스미스 -

엄마가 그렇게 가신 후에도 남동생은 정신을 차리지 못했다. 술과 담배는 계속되었고, 당 수치는 높아졌다. 당 수치가 600이 넘어가서 병원에 입원해 치료를 받기도 했다. 게다가 당뇨 합병증이 여기저기 생기기 시작했다. 먼저 시력이 나빠졌다. 물체가 선명하지 않고 흐려 보인다고 했다. 당뇨발(당뇨병성 족부변성)도 생겼다. 평소에도 발이 시려서 수면 양말만 찾았는데, 이젠 발바닥이 아프다고 했다.

설날을 앞둔 어느 날, 남동생은 충주 건국대병원에 입원했다. 설에 친정에 갔다 올라가는 길에 병문안을 갔다. 간병하는 사람도 없이 쓸쓸하게 누워 있는 모습이 처량했다. 그러면서도 술과 담배를 버리지 못하는 모습이 쾌씸하기도 했다. 지금 자신 때문에 고생하고 있는 아버지와 자식들을 생각한다면 그것들과 왜 이별을 못한단 말인가.

아버지는 70대 중반이신데도 농사일을 힘에 부치게 많이 하셨다. 동생의 병원비와 약값을 마련해야 했기 때문이다. 초등학교 2학년인 쌍둥이들은 이런 처절한 상황인 것도 모르고 해맑게 웃고 지냈다. 조카들의 웃는 모습을 보는 것이 더 가슴 아팠다.

친정집은 엄마가 계시지 않기에 사람이 사는 집이라 할 수도 없는 상황이었다. 온갖 그릇은 싱크대에 다 나와 있고, 물때가 잔뜩 끼어 있었다. 거실에는 옷가지와 쓰레기들이 엉켜 뒹굴고 있었다. 조카들은 기초학력이 부족했다. 특히 둘째는 학습능력이 너무 떨어져서 장애가 의심될 정도였다. 동생에게 학교에 이야기해 특수아 진단을 받아보도록 권했다.

45년 된 집은 몇 번 수리를 했다지만 금방 쓰러질 것 같았다. 그런 집에서 아버지와 조카들이 살고 있는 것이다. 딸이 넷이나 있으면 뭐하나. 도움이 필요할 땐 멀리 있어서 이웃보다 못한 상황이었다. 애꿎은 동생에게 술, 담배 끊고 열심히 살라고 잔소리를 하고 올라왔다.

집으로 오면서 나 자신을 돌아보았다. 나는 잘 살고 있는가? 친정 상황이 저렇게 나쁜데도 맏딸인 나는, 교사인 나는 어떤가? 나는 아버지에게 경제적인 도움을 거의 못 드리고 있다. 내가 만약 경제적으로 여유로웠다면 엄마 병원비를 내드렸을 것이다. 친정집도 새로 지어드렸을 것이고, 남동생 치료비도 아낌없이 냈을 것이다. 내가 날려 버린 몇억이면 그런 것들을 다 하고도 남았다. 후회가 밀려왔다.

나는 '빚 보고서'를 작성하기로 했다. 더 이상 이렇게 살 수는 없었다. 대체 나의 재정 상태가 어떤지 점검하기로 했다. 먼저, 나의 재무 상태를 정리했다.

가장 많은 빚은 기획부동산 사기로 진 빚 1억 6,000만 원이었다. 이천의 땅 100평 6,000만 원, 20평은 2,400만 원이었다. 이천은 예전에 내가 살았던 곳이다. 서울에서 가까운 지역이고, SK하이닉스가 있는 곳이다. 수도권 개발이 점차 경기도 지역으로 넓어지기에 발전 가능성이 높은 지역이었다. 기획부동산 직원이 이야기할 때 그 발전 가능성을 진짜로 믿었다. 그 직원은 나 같은 사람들을 얼마나 호구로 보았을까 싶다. 세상 물정 모르고 남이 하는 말은 다 믿고, 그러니 아직도 그런 회사가 존재하고 버젓이 사업을 하고 있는 것이 아닌가.

그리고 포천 땅 100평을 평당 단가 40만 원에 구입해 4,000만 원의 빚이 생겼다. 이천은 답사라도 다녀왔지만, 포천은 답사를 할 엄두조차 못 냈다. 거리가 워낙 멀기 때문이었다. 또, 그 회사를 전적으로 믿었기에 의심할 생각도 없었다. 포천에서 유명한 산정호수 근처라고만 들었다. 그런 관광지에 나의 땅이 100평쯤 있다는 것은 또 얼마나 자랑스러운가. 하지만 몇 년이 지나도 그 땅은 아무 말도 없다. 알고 보니 사기였던 것이다. 나는 좀더 확실하게 알아보지 않고 성급하게 땅을 산 것을 후회했다. 더구나 세 군데나 계약을 했다. 무지와 욕망이 부른 엄청난 비극이었다. 재산 권리를 행사할 수 없는 이런 부동산을 사고 좋아했던 나 자신이 얼마나 창피했는지 모른다.

막냇동생에게 빌려 준 2,000만 원도 있다. 기획부동산을 소개해 준 사람도 그녀였다. 그때 자기도 땅을 사고 싶다면서 돈을 빌려 달라고 했다. 그래도 그 돈은 그동안 급여로 다 갚았다. 그런데 몇 년 후 막냇동생이 아직도 빚이 많다고 했다. 직장도 여기 저기 옮기면서 바로 연결이 안 되니까 생활비만 들어갔고, 남편 사업도 잘 안 된다는 것이다. 보험담보 대출이나 햇살론 같은 빚이 있어서 힘들다고 했다. 얼마냐고 했더니 2,000만 원이고 이율이 높아서 매달 나가는 이자도 많다고 했다. 내가 빌리면 이율이 낮아서 이자가 훨씬 덜 나갈 것 같았다. 그래서 2,000만 원을 빌려 주었다.

남동생을 위해 빌려 준 3,000만 원도 있다. 대출을 해서 아버지께 건네면서도 그리 걱정은 하지 않았다. 월급이 많으니 그 정도는 아무것도 아니라는 생각을 했다. 몇 년 갚으면 대출이 싹 없어질 것이라 기대했다.

빚 보고서를 작성하면서 나의 성향에 대해 놀랐다. 수천만 원 또는 수억 원이 넘는 돈을 계산하는데 기가 막혔다. 2억이나 되는 돈을 1년에 1,000만 원씩 갚는다면 20년이 걸린다. 2,000만 원씩 갚으면 10년이 걸린다. 그런데도 나는 아무런 걱정 없이 그 많은 돈을 빌린 것이다. 동생들도 내 돈을 갚아야 한다는 경각심도, 나에게 미안한 마음도 별로 없어 보였다.

대체 왜 이런 사태가 벌어진 것일까? 곰곰이 생각해 보니 어렸을 때부터 경제 교육을 받은 경험이 별로 없었다. 가정에서나 학교에서 근검절약에 대해서는 많이 들었으나 규모 있는 살림을 꾸려가는 것에 대해서는 교육을 받은 적이 없었다. 그렇다 해도 스스로 공부를 해야 했다. 경제 관련 독서를 하면서 돈 관리를 했어야 했다. 그랬다면 이런 사태를 맞이하지는 않았을 것이다. 나는 절약하고 낭비하지 않는 습관은 있었으나 올바른 투자에 대해서는 전혀 알지 못했다.

몇 번인가 가계부를 적으려고 시도했지만 얼마 가지 못했다. 직장일과 집안일에 바빠 가계부를 적을 시간이 없었다. 또 가계부를 적는 것이 도움이 된다는 확신이 들지도 않았다.

학교에서도 경제 교육은 거의 없다. 경제 과목이 있긴 하지만 일반적인 경제 관련 용어나 사회 경제 내용만 나온다. 개인이나 가정의 경제를 관리하는 내용은 별로 없다. 우리나라 사람들이 빚이라는 것에 대해 무감각하게 여기고 과도한 빚을 내는 것을 보면 문제가 심각하다.

나는 부채뿐만 아니라 자산도 정리해 보았다. 결혼 이후 계속 빚을 내면서 살았다. 그렇기에 자산은 많지 않았다. 교직원공제회에 들어가고 있는 장기 적금 2,500만 원 정도가 전부였다. 적금을 들려고 해도 이자율이 낮아서 비효율적이다. 대출 이자가 더 높기 때문에 적금을 드는 것이 빚을 갚는 것보다 훨씬 손해를 보는 것이었다. 연금은 일시불로 찾으면 1억 원이 넘었다. 하지만 연금은 퇴직 후 매달 받는 것이 좋은 것이기에 빚 갚는 용도로는 사용하지 못한다. 그러면 나는 자산보다 부채가 1억 6,000만 원 정도 많은 것이다.

그렇다면 방법은 무엇일까? 빚은 갚으면 되는 것이다. 갚을 방법을 찾는 게 문제다. 주위에 도움을 청해야 하나? 인터넷을 뒤져야 하나? 책을 찾아볼까? 무수한 밤을 새우며 방법을 찾아보았다. 사람들에게 물어볼 수는 없었다. 어렸을 적부터 집안의 맏딸로서 주도적인 생활을 해 왔기에, 내 치부를 드러내는 상황을 누군가에게 들키고 싶지는 않았다. 조용히, 혼자서 해결할 수 있는 방법을 찾아보기로 했다.

08

'책'이라는
길을 찾다

+ − × ÷

가난한 사람은 책으로 인해 부자가 되고, 부자는 책으로 인해 존귀하게 된다.
- 〈고문진보〉 중에서 -

나는 '빚', '빚 갚기', '대부', '대출' 등의 단어로 인터넷을 검색했다. '파산', '개인회생', '햇살론' 같은 단어들이 나왔다. 법적인 절차를 통해 빚을 해결하는 방법이 있다는 것을 처음 알았다. 하나하나 살펴보았다. 햇살론은 고금리 대출을 받은 사람들에게 이율이 낮은 것으로 바꾸어 주는 대출이다. 그런데 내가 받은 대출은 이자보다 이율이 더 높아서 이용할 필요가 없었다.

개인회생은 법원에서 시행하는 제도다. 일정한 소득이 있는 사람이 일정 기간 동안 빚을 갚으면, 나머지 빚을 탕감해 주는 제도다. 이 제도를 이용하면 공무원 신분이 그대로 유지된다. 하지만 난 내 소득을 가지고 갚으나, 이 제도를 이용해 갚으나 비슷할 것 같았다. 또 월급에서 일정한 금액이 빠져 나가면 나의 상황에 대해 직장에서도 다 알게 될까 봐 꺼려졌다.

개인파산 제도는 빚을 온전히 탕감받는 제도다. 하지만 이 제도를 이용하면 공무원 신분도 사라진다. 자녀에게까지 영향을 미칠 수도 있다. 대출 관련 연좌제가 없어졌다고는 하지만 자녀가 취업할 때 어떤 일이 벌어질지 모르는 일이다. 그리하여 이 제도도 해결책으로 사용할 수는 없었다.

지인들에게 빌리는 방법도 생각해 보았다. 아버지에게 연락을 할까 고민도 했다. 아버지는 그동안 작은아버지나 동생들의 빚에 대해서 해결을 많이 해 주셨다. 농협에 신용도 높으시니 빌려 주실 수도 있을 것이다. 하지만 농협에서 빌리는 것도 금리가 내 대출이자보다 높았다.

또한 아버지의 심정을 헤아려 보았다. 나마저 돈을 빌려달라고 한다면 아버지는 얼마나 슬퍼하실까? 엄마 돌아가시고, 남동생도 당뇨가 심해지고, 떡두꺼비 같은 손주들을 위해 고령에도 힘든 농사일을 하고 계시는 상황이다. 그런데 나마저 돈을 빌려 달라고 한다면 얼마나 어이없어하실까? 나는 아버지의 유일한 자랑거리다. 산골 마을에서 교사가 된다는 게 결코 쉽지 않았고, 시골에서는 교사가 여전히 사람들에게 인정받는 직업이기 때문이다. 아버지는 지금도 큰딸이 교사라는 사실에 자부심을 갖고 계신다.

동생들을 생각해 보다가 바로 포기했다. 남동생과 막냇동생만 경제적으로 힘들게 사는 것이 아니었다. 둘째도 제주도에서 운영하던 작은 정육점이 장사가 잘 되지 않아 접고 셋째네 정육점에 직원으로 들어갔다. 재산도 없고, 집도 없는 상황이다.

셋째가 우리 집에서 그나마 가장 성공한 딸이다. 물론 동생이 아니라 동생 남편이 일군 사업이지만. 작은 정육점으로 시작해 지금은 제주대학교 부근에 2층짜리 건물을 짓고 1층은 가게, 2층은 집으로 사용하고 있다. 물론 건축을 할 때 대출을 많이 받아서 했기에 온전히 자기의 재산이라고 할 수도 없다. 그런 동생에게 맏언니로서 어려운 부탁을 한다는 것은 말이 안 되는 것이다. 동생의 남편이 동생을 얼마나 우습게 생각할 것인가.

'빚'이라는 단어로 인터넷 검색을 했을 때 나온 '짠돌이' 카페와 '텐인텐' 카페에 들어가 보았다. 가입은 이미 예전에 해둔 상태였는데 바쁘기도 하고 그다지 절실하게 필요하지 않아서 카페 활동을 거의 하지 않은 상태였다.

짠돌이 카페는 활동하는 사람들이 주로 주부들이어서 공감이 많이 갔다. 나는 절박한 마음에 카페 게시판을 샅샅이 뒤져 읽어나갔다. 눈에 띄는 카테고리는 '한 달에 10만 원으로 살기', '냉파실천', '풍차적금' 같은 것들이었다.

'헉, 한 달에 10만 원으로 살 수 있다고?'

자세히 보니, 월 소비 생활 중 필수 소비를 뺀 생활비를 10만 원으로 제한하고 소비를 하는 것이었다. 그 적은 돈으로 한 달을 살려면 왕짠돌이가 되어야 했다. 공짜, 이벤트, 쿠폰 등을 다 활용하고, 특별 할인도 빠짐없이 챙겨야 했다. 회원들은 앞다투어 자신들의 짠돌이 생활습관을 올렸다. 그러면 응원과 감사의 댓글들이 재빠르게 달렸다. 며칠 있으면 실천 후기가 또 올라왔다. 정말 새로운 세상이라는 생각이 들었다.

'냉파'는 '냉장고 파먹기'의 준말이다. 식재료를 무조건 사지 말고, 냉장고에 쌓여 있는 재료를 활용해 식사 준비를 하는 것이다. 나는 당장 냉파 실천을 했다. 우리 집에는 커다란 냉장고 한 대와 작은 김치냉장고가 두 대 있다. 우리 가족은 집에서 식사를 하는 경우가 거의 없어서 냉장고 안에 있는 재료들을 잘만 활용하면 한 달 이상 충분히 먹을 수 있을 것 같았다. 일단 냉장고 안의 재료들을 정리했다. 냉장고 문에 재료들을 적은 메모지를 붙였다.

풍차 적금은 매달 적금을 시작하는 것이다. 10만 원으로 시작한다면 12개월엔 최대 12개 적금 통장에 120만 원까지 입금이 된다. 그러면 13개월부터는 매달 120만 원의 만기 적금이 돌아온다. 그것을 매달 120만 원짜리 예금으로 신규 가입한다. 13개월부터는 매달 120만 원에 약간의 이자가 붙은 금액이 계속 만기가 되는 것이다. 하지만 이 풍차는 해 보지 못했다. 빚이 많은 상태에서 적금을 드는 것은 적금 이자보다 대출 이자가 많이 나가서 비효율적이기 때문이다.

'10년에 10억 원 벌기'를 목표로 하는 '텐인텐' 카페에도 들어가 보았다. 이 카페는 목표 액수가 커서 그런지 남자 직장인이 많은 편이다. 주식 게시판도 있어 제법 큰손들도 활동을 하고 있다. 이 카페에서도 재테크와 관련된 정보를 많이 얻었다.

카페 활동을 하는 중에 눈에 띄는 내용이 있었다. 책을 통해 빚 문제를 해결하는 방법을 찾았다는 글이 여러 개였다. 문득 엄마가 편찮으셨을 때 상황이 떠올랐다. 엄마가 전혀 예상하지 못한 병에 걸렸을 때 고향으로 가는 시외버스를 타러 터미널에 갔다가 버스 출발시간이 남아서 그곳에 있는 서점에 갔다. 나는 '건강', '암', '위암' 같은 단어로 책을 찾아서 10여 권을 샀다. 책을 가지고 가서 나도 읽고, 엄마도 읽으셨다.

'그래, 책을 찾아보자.'

인터넷 서점에 들어가서 '빚', '대부', '대출'로 검색하니 많은 책이 나왔다. 바로 구매가 가능한 것들은 구매하고, 오래되어 품절된 책들은 도서관에서 빌렸다.

책은 사람이 살면서 생기는 문제를 해결할 수 있는 가장 최선의 방법이라는 것을 새삼 깨달았다. 그때 정독해서 읽고 실천했던 책들은 다음과 같다. 데이브 램지의 《절박할 때 시작하는 돈관리 비법》, 김미진의 《왕의 재정》, 백정선, 김의수의 《빚지기 전에 알았더라면 좋았을 것들》, 손봉석의 《빚 정리의 기술》, 심효섭의 《마흔, 빚 걱정없이 살고 싶다》 등이다. 이 외에도 빚 갚는 내용의 책은 많이 있었다. 나는 도서관에서 이 책들을 발견하고는 너무 기뻤다.

우리는 살아가면서 많은 문제를 만나게 된다. 어차피 인생이 문제 해결 과정이 아니겠는가. 만약 인생을 살아가는 데 아무런 문제도 없이, 아무런 걱정도 없이 산다면 얼마나 단조로울 것인가. 삶의 문제를 만나면 긴장하게 되고, 해결책을 찾기 위해 동분서주 노력할 것이다. 문제가 해결되면 자존감을 찾고 행복을 느끼게 된다. 그것이 바로 삶의 보람인 것이다. 나는 책을 통해 나에게 닥친 빚 문제를 해결하고자 굳은 결심을 했다.

PART **2**

독서로 인생을
바꿀 수 있다

01

독서의 세계에
입문하다

$+ - \times \div$

가장 훌륭한 벗은 가장 좋은 책이다.
― 체스터필드 ―

사람들이 책을 읽는 이유는 뭘까? 지식을 얻기 위해서, 교양을 위해서 등 다양한 이유가 있을 것이다. 내가 책을 읽은 이유도 별로 다르지 않다. 때로는 시간을 때우기 위해서 읽었고, 때로는 문제를 해결하기 위해서 읽었다.

내가 처음으로 책을 가진 것은 초등학교 5학년 때였다. 어느 날, 장에 가셨던 엄마가 책을 몇 권 사다 주셨다. 《소공녀》, 《소공자》, 《알프스의 소녀 하이디》였다. 나는 책이 닳도록 읽었다. 특히 《알프스의 소녀 하이디》는 어린 소녀의 감성을 건드리기에 충분했다. 생전 처음 접하는 소설을 읽으며 얼마나 큰 감동을 받았는지 모른다. 밤을 새우며, 눈물을 흘리며 다 읽고 나서 사랑이라는 감정에 대해 느끼게 되었고 어떤 자세로 살아야 하는지를 깨닫게 되었다.

독서의 즐거움은 중학교로 이어졌다. 1학년 때 친했던 친구가 자신의 언니가 읽던 책을 자주 빌려 주었다. 그때 가장 감동 깊게 읽었던 책은 《여자의 일생》, 《테스》였다. 이 책들은 교생 선생님이 우리에게 꼭 읽어 보라고 하셨던 작품이다. 사람이 살아가다 보면 시련을 만나게 되고, 그 시련을 효과적으로 극복해야 한다는 것을 깨달았다.

대학생 때는 기독교 동아리에 가입해 신앙 서적을 무척 많이 읽었다. 성경, 기독교 위인들의 이야기, 신앙 서적을 읽으면서 기독교적 세계관을 접하게 되었다.

독서의 세계로 제대로 입문한 시기는 학교에 발령을 받고부터다. 나는 단양 시골에 초임 발령을 받았다. 6개 학급이 전부였고 전교생은 200명이 안 되었다. 선배 국어교사가 독서 모임을 만들어 선정된 책을 읽고 주 1회 독서토론을 실시했다. 교사로서 갖춰야 할 철학이나 사상과 관련된 도서와 교육 도서를 중심으로 토론회를 했다. 또 대하 장편소설도 읽고 토론했다. 《태백산맥》, 《토지》 같은 장편을 읽으며 우리나라의 근대사와 현대사를 이해하게 되었다.

결혼을 하면서 이천을 거쳐 인천으로 이동했다. 내 담당 과목이 국어다 보니 단골로 맡은 업무는 주로 도서관과 독서에 관련된 내용이었다. 자연스레 책을 가까이하며 생활했다. 수업도 독서와 관련된 내용이 많아서 책과는 뗄 수 없는 관계로 살았다. 하지만 항상 책을 끼고 산 것은 아니었다.

책에 풍덩 빠지게 된 것은 이지성 작가의 책을 읽고 나서였다. 2008년, 우연히 그의 《여자라면 힐러리처럼》을 읽고 충격을 받았다. 책이 사람을 얼마나 변화시키고 성장시키는지를 눈으로 확인한 것이다. 특히 인문 고전의 영향력에 대해 확실하게 알게 되었다. 지금까지 독서를 왜 해야 하는지에 대해 진지한 고민을 해 본 적이 없었다는 것도 깨달았다.

《꿈꾸는 다락방》도 그때 읽게 되었다. '생생하게 꿈을 꾸면 실현된다'는 마법 같은 이야기를 읽고 실천하고자 노력하기도 했다. 꿈과 희망이 없던 사람들이 그 책을 읽고 삶의 태도가 많이 바뀌었다고 했다.

이지성 작가의 책 중에 가장 유용하게 읽은 것은 《독서 천재가 된 홍대리》였다. 이 책에는 동서고금의 독서법이 총망라되어 있었다. 평범한 직장인을 등장시켜 독서를 통해 성공해 나가는 내용을 소설처럼 풀어내고 있다. 나는 이 책을 몇 권 더 구입해 딸들에게 읽으라고 권했다. 그때 나는 덕적도라는 섬에서 고등학교 교편을 잡고 있었다. 22명의 전교생에게 이 책을 반드시 읽을 것을 권해 거의 다 읽게 했다. 그리고 책 속에 있는 방법을 실천하기로 했다.

먼저, '100일에 33권 읽기'를 실행하기로 했다. 먼저 각 학년 교실 뒤 게시판에 읽기판을 만들었다. 학생들의 이름을 적고 각자 자기가 읽은 책의 제목을 적도록 했다. 아이들은 저마다 경쟁하듯이 책을 읽기 시작했다. 10월부터 12월까지 석 달 동안 어떤 학생은 40권 정도를 읽었다. 가장 적게 읽은 학생은 3권이었다. 적게 읽었다고 실패라고 할 수 있을까? 아니다. 그런 프로젝트를 진행하지 않았다면 아마 한 권도 읽지 않았을 것이다. 석 달 후 전교생 평균을 내 보니 1인당 10권을 읽었다. 내심 뿌듯했다.

독서 프로젝트를 하면서 일어난 가장 큰 변화는 학생들의 태도였다. 이전까지는 시골 섬의 무기력한 학생들이었는데, 책을 읽으면서 눈빛이 달라지기 시작했다. 자신의 삶에 대해 진지하게 고민하고, 주위 사람들에게도 관심을 가졌다. 무엇보다도 자신감을 가진 것이 큰 변화였다. 소수의 학생들이라 국어나 문학 시간에 자연스럽게 독서토론을 하곤 했다. 학기 초에는 말도 잘 못하던 학생들이 책을 읽으면서 자신의 생각을 적극적으로 표현하기 시작했다. 자신의 주장에 대한 논거를 제시할 때도 책에서 읽은 내용을 바탕으로 했다. 학생들의 변화와 성장을 보면서 이지성 작가가 책에서 말한 독서의 효과를 눈으로 확인할 수 있었다.

그때부터 나는 책을 대량으로 구매해 읽었다. 학교 도서관에는 신간이 바로 공급되지 않았다. 한번 섬에 들어가면 1~2주를 육지로 나가지 못하는 상황이라 인터넷 서점에서 책을 구매했다. 수업이 적은 날은 공강 시간에 읽었고, 퇴근 후 잠자기 전까지, 또는 새벽에 일찍 일어나 읽었다. '100일 33권 읽기'가 워밍업이라면 본 게임은 '1년 365권 읽기'였다. 하루에 네다섯 시간을 읽으니 충분히 가능했다.

몇 년 후 이지성 작가의 신작 《리딩으로 리드하라》가 출간되었다. 인문 고전 독서의 개념과 이유, 그 방법까지 방대하게 써내려간 책이다. 현대 교육이 산업화 인력을 양성하는 데 초점이 맞춰진 보통교육이라는 사실이 충격적이었다. 지금까지는 학교 교육을 잘 받으면 훌륭한 인물이 될 것이라 믿어 의심치 않았기 때문이다. 그런데 학교 교육을 잘 받을수록 기계화에 적합한 인간을 양성하는 것이라니. 결국 인문 고전 독서를 해야만 훌륭한 인격을 갖춘 세계적인 리더로 성장할 수 있다는 것이었다. 나는 그 책을 읽으며 교사라는 존재에 대한 깊은 고민을 하게 되었다.

초등학교 시절부터 시작된 나의 독서 이력을 정리해 보았다. 내가 책을 읽게 된 동기는 호기심과 재미였다. 40여 년 꾸준히 책을 읽으며 살아왔는데 그동안은 즐기는 독서가 대부분이었다. 매우 심각한 상황에 처했는데 지금까지 읽었던 책이 전혀 도움이 되지 않았다. 나의 현재 문제를 해결할 수 있는 독서는 없는 것인가 하는 의문이 들었다.

02

독서 프로젝트로
일어난 변화

+ − × ÷

책 속에는 과거의 모든 영혼이 가로누워 있다.
- 토마스 칼라일 -

나는 문제 해결을 위한 독서를 시작했다. 처음에는 엄마의 병을 치료할 방법을 찾기 위해 책을 찾아보았다. 엄마의 위암 발병 소식을 들었을 땐 하늘이 무너지는 것 같았다. 암 투병은 TV에서나 볼 수 있는 남의 이야기라고 생각했다. 그런데 나와 가장 가까운 엄마에게 이런 일이 일어났다는 사실을 믿을 수 없었다.

친정으로 가는 길에 인천터미널 지하에 있는 영풍문고에서 건강, 암에 관련된 책 10여 권을 샀다. 후나세 순스케의《항암제로 살해당하다1,2,3》, 연세암센터의 《암 식단 가이드》, 다테이시 카즈의 《야채스프 건강법》, 이운우의《암으로 고통받는 사람들을 위한 독서치료》, 조병식의《조병식 원장의 자연치유》, 이요섭의《웃음으로

암을 고친다》 등이었다.

엄마의 병을 고치고 싶은 마음에 잠도 자지 않고 읽었다. 버스를 타고 이동할 때도, 밥을 먹을 때도 읽었다. 엄마에게도 읽어 보라고 드렸다. 평소 책을 읽을 시간이나 기회가 별로 없으셨기에 책을 손에 들기가 쉽지 않으셨다. 하지만 엄마가 읽고 실천해야 한다고 말씀드렸더니 부지런히 읽으셨다. 신체 치료를 위한 독서, 정신 치료를 위한 독서였다. 아니, 생존을 위한 독서였다. 목숨을 건 독서였다.

암에 관한 책을 읽고 나서 난 그 병의 실체를 알 수 있었다. 암이라는 것은 유전적인 원인을 무시할 수는 없다. 나의 외할아버지와 외삼촌이 같은 질병으로 돌아가셨으니 외가 식구들에게 그 유전이 이어지고 있는 것도 사실이다. 하지만 내가 책을 읽고 얻은 결론은 암은 일종의 생활습관병이라는 것이었다. 평소 먹는 음식이 영향을 많이 미친다. 그리고 더 나쁜 것은 스트레스였다.

엄마의 인생과 그 당시 상황이 떠올랐다. 엄마는 좋지 않은 집안 사정으로 인해 초등학교를 다니다 말았다고 하셨다. 학교를 졸업하지 못한 것을 두고두고 한스러워하셨다. 하지만 엄마는 학교를 나온 웬만한 사람들보다 더 똑똑하셨다. 책 읽는 것도 좋아하셔서 일이 많지 않은 겨울에는 우리와 같이 책을 읽기도 했다. 퀴즈 문제를 풀 때면 우리보다 더 잘 맞추기도 하셨다.

엄마는 꽃다운 나이 18세에 여덟 살 위인 아버지를 만나 바로 결혼하셨다. 결혼하고는 완벽주의 시어머니를 모시고 살면서 시누 두 명과 시동생 한 명을 결혼시키셨다. 아버지도 중학교 1학년을 다니다 마셨지만 서당에서 한문을 배우셨고, 계산이 아주 빠르셨다. 주위에서는 아버지가 고등학교만 나왔으면 면서기라도 했을 것이라고 했다.

엄마는 완벽주의 시어머니와 불같은 남편 사이에서 스트레스를 많이 받았다. 또한 1남 4녀를 1~2년 간격으로 낳으면서 몸이 많이 약해지셨다. 엄마는 우리가 어렸을 때부터 허리, 다리, 위장, 치아 등이 많이 안 좋으셨다.

당시 우리 집에는 불행한 일들이 연속해서 일어났다. 할머니가 다쳐서 요양원에 입원하셨고, 남동생은 당뇨가 심해 치료를 받으면서도 술과 노름으로 인한 빚을 지고 신용불량이 되다시피 했다. 올케는 가출해 베트남으로 돌아갔다. 남겨진 쌍둥이들을 돌보며 농사일까지 해야 했으니 엄마는 정말 힘드셨을 것이다. 결국 허리와 양쪽 무릎은 수술을 할 정도로 안 좋아지셨다. 엄마가 병에 걸리지 않는 게 더 신기할 정도였다.

그래도 병의 원인을 알았으니 해결책도 있을 거라는 확신이 들었다. 책을 읽어 보니 암 전문 병원에서 진행되는 과정은 크게 3단계였다. 첫째, 수술이다. 암세포가 발생한 부위를 넓게 잘라내는 것이다. 둘째, 항암치료다. 암세포를 잘라낸 자리에 다시 암세포가 자라지 못하도록 항암약물로 세포를 죽이는 것이다. 문제는 그 과정에서 정상세포도 죽는다는 것이다. 셋째는 방사선 치료다. 방사선을 쏴서 혹시라도 자랄지 모르는 암세포를 죽이는 것이다. 이것도 역시 정상세포까지 죽인다.

그런데 이런 방법을 써도 6개월 정도가 지나면 암세포가 다시 자란다고 했다. 암 전문 병원에서는 암세포를 다 죽인 상태에서 사후관리를 잘하면 완치가 된다고 했다. 암 발병 후 5년이 지나서 재발하지 않으면 완치 판정을 내린다. 하지만 그 5년 동안 많은 환자들이 재발해 결국 사망에 이르게 된다는 것이다. 그 사실을 알고 언론 보도를 살펴보았더니 유명인들도 암 치료 3단계를 거친 후 5년 이내에 사망한 경우가 많다는 것을 알았다.

엄마의 병원치료를 말리고 싶었다. 지금이라도 수술하지 마시고, 숲속이나 치료원으로 들어가시라고 말씀드렸다. 하지만 부모님은 말도 안 되는 소리라며 펄쩍 뛰셨다.

"병이 나면 병원에 가고, 의사에게 모두 맡겨야 한다."

더 말릴 수도 없었다. 내가 할 수 있는 방법은 부지런히 책을 읽고, 음식과 특별 자연 치료제로 병행치료를 하시도록 권하는 것밖에 없었다. 결국 엄마는 수술하시고, 항암치료는 제주에서 하셨다. 항암치료 후에는 경주에 있는 자연치유병원으로 가셨다. 그곳에 몇 개월 계시다가 집에 오셨다. 집에서 몇 개월 계시는 동안 신체적으로, 정신적으로 힘들어하셨다. 결국 엄마는 암이 발병한 지 1년 6개월 만에 하늘나라로 가셨다.

비록 엄마는 책으로 병을 고치지 못하고 떠나가셨지만, 난 그때 읽은 책의 영향을 받고 있다. 몸에 좋은 음식과 좋지 않은 음식을 가려서 먹었다. 기름진 음식도 피하고 고기 종류도 좀 피하면서 야채 중심의 식단을 유지했다. 야채스프라는 것도 그때 알게 되었다. 야채 5가지를 넣고 끓인 물을 먹으면 염증을 치료하고 항암 작용을 한다고 한다. 나는 그것을 먹고 나서 위염이 많이 호전되고 건강해졌다. 작은딸도 나를 따라서 야채스프를 몇 달 마시더니 속 쓰린 증상이 없어졌다.

최근 몇 년 동안 인문학 열풍이 일었다. 이지성 작가의 《리딩으로 리드하라》, 《생각하는 인문학》은 인문학 열풍을 일으킨 책이다. 나는 이 책들을 읽고 인문 고전 독서가 정말 중요하다는 사실을 깨달았다. 현대 학교 시스템은 산업화에 맞는 사람을 만들어 내기 위한 것이라는 내용을 보고 큰 충격을 받았다. 사실 우리나라 학교에서는 학생들 각각의 개성을 존중할 수가 없다. 획일화, 일제화, 경쟁, 줄 세우기 등등 개인의 적성과 개성을 고려하지 않는 상황들이 얼마나 많은가. 내가 현직 교사로서 그런 일에 앞장서고 있다는 사실이 부끄러워졌다. 교사인 나조차 그런 사실을 깨닫지 못하고 있었다는 것이 안타까울 뿐이었다.

인문학을 강조하는 그 책들을 통해 인문 고전 독서를 했다. 그 중 대학생 때 읽어 봤지만 기억이 잘 나지 않던 《논어》를 다시 읽은 것은 큰 행운이었다. 《논어》를 읽고, 사람이 살면서 가장 중요하게 생각해야 하는 것이 무엇인지를 다시 한번 생각하게 되었다. 특히 '군자로서의 삶'을 어떻게 살아야 하는지에 대한 내용이 인상 깊었다. 교사로서 살아가려면 군자의 자세를 갖추고 살아가야 한다는 생각이 들었다. 항상 '사람' 중심의 생각과 삶을 살기로 다짐했다. 어린 학생들과 함께하고 있기에 그들의 삶에 영향을 미칠 수 있다는 사실이 새삼 고맙게 생각되었다.

이처럼 나는 그때까지 '돈'과는 무관한 독서를 해 왔었다. 주로 즐기기 위한 독서, 지식을 얻기 위한 독서를 했다. 또 교양을 쌓기 위해, 건강 문제를 해결하기 위해, 그리고 인문학 교양을 쌓기 위해 책을 읽었던 것이다. 독서와 돈이라는 단어는 서로 어울리지 않았다. 가끔 도서관에서 투자에 관한 책을 보기는 했었다. 그러나 이제는 내 삶의 문제, 특히 '빚' 문제를 해결하기 위한 독서를 해야겠다는 생각이 강하게 들었다.

03

재테크 책에서 말하는
3가지 공통 비법

＋ － × ÷

남의 책을 읽는 데 시간을 보내라.
남이 고생한 것에 의해 쉽게 자기를 개선할 수 있다.
－ 소크라테스 －

어느 날, 이러다가는 퇴직까지 빚만 갚으며 살 수도 있겠다는 불안감이 엄습했다. 2억 원이라는 그 많은 금액 중 보람 있게 사용된 돈이 있는가? 없었다. 기획부동산에 날린 돈은 사기꾼들을 배부르게 한 먹이가 되었다. 남동생과 막냇동생에게 빌려 준 돈도 의미 없는 헛돈이 되고 말았다. 그 돈으로 빚에서 탈출해 성공적인 생활을 하고 있지 않기 때문이었다. 남동생은 그 후에도 계속 술과 노름을 해 전과 같은 악성 대부업체 빚을 또 졌다. 막냇동생도 빚의 굴레에서 헤어 나오지 못하고 있다. 수입이 늘어나지 않고, 소비가 완전히 줄어들지 않기 때문이다.

나 혼자서 방법을 찾아야 했다. 남편한테도, 아버지께도 절대 말씀드리지 못하는 어리석은 행동이었다. 지금 당장 퇴직을 하고 빚을 갚는 방법도 생각해 보았다. 하지만 교직원공제회 적금도 많지 않았고, 연금을 일시불로 다 타도 빚을 모두 해결할 수는 없었다. 그냥 월급으로 빚을 갚아 나가는 길밖에 없었다. 어떻게 해야 하나? 어떤 방법이 최선일까? 매일 잠이 안 오고 스트레스가 높아졌다.

그때 '모든 방법은 책에 있다'라는 생각이 났다. '문제 해결 독서'가 있었다. 나는 이미 그 방법을 경험한 적이 있다. 엄마가 아프셨을 때 치료법을 책에서 찾았었다. 비록 엄마의 생명을 지켜 드리지는 못했지만 그때 책에서 찾았던 식이요법으로 나는 건강하게 살고 있다.

나는 '빚', '돈', '대출', '부채', '재테크', '경제', '부업', '종잣돈', '주식', '부동산', '경매' 등등의 검색어로 책을 찾았다. 관련 서적이 그렇게 많은지 처음 알았다. 직접 사거나 도서관에서 빌려 100권 정도 읽으니 감이 잡혔다. 그때 읽었던 책 중 대표적인 것들을 정리해 보겠다.

김미진의 《왕의 재정》, 데이브 램지의 《절박할 때 시작하는 돈 관리 비법》, 손봉석의 《빚, 정리의 기술》, 백정선의 《빚지기 전에 알았더라면 좋았을 것들》, 심효섭의 《마흔, 빚 걱정없이 살고 싶다》, 고란의 《굿바이, 빚》, 《내 인생을 힘들게 하는 빚》, 박종훈의 《2015년,

빚더미가 몰려온다》, 김태형의《머니푸어 돈관리》, 트렌트 햄의《월급쟁이의 역습》, 이지영의《심리계좌》, 고경호의《4개의 통장》, 가네코 유키코의《사지 않는 습관》, 유루리 마이의《우리 집엔 아무것도 없어》, 로버트 기요사키의《부자 아빠 가난한 아빠1,2》,《앞으로 10년, 돈의 배반이 시작된다》, 보도 섀퍼의《열두 살에 부자가 된 키라》, 한상복의《한국의 부자들》, 성선화의《빌딩부자들》과《월세의 여왕》, 박경철의《시골의사의 부자경제학》,《시골의사 박경철의 자기혁명》,《시골의사의 주식투자란 무엇인가》,《시골의사 박경철의 아름다운 동행》, 윤선현의《부자가 되는 정리의 힘》, 이진우의《39세 100억 부자의 CEO 되는 법》, 신동일의《한국의 슈퍼리치》,《슈퍼리치의 습관》, 이명로의《월급쟁이 부자들》, 윤재수의《주식투자 무작정 따라하기》 등이다. 이 책들에 나온 공통적인 비법은 세 가지로 정리할 수 있다.

첫째, 안 쓰고, 안 먹고, 안 입으며 지출을 막아야 한다. 일단 자신의 소비습관을 파악하고 가정에서 새어 나가는 돈을 막아야 한다. 신용카드를 들고 마트나 백화점에 가면 과소비의 유혹을 물리치기 어렵다. 일주일치 먹거리를 사야 하니까 고기부터 시작해 생선, 야채, 과일 같은 식재료를 카트에 가득 담는다. 또, 한두 달 쌓아 놓고 써야 할 세제류나 화장지 등의 생필품을 미리미리 구입하다 보면 몇십만 원은 순식간에 긁는다. 계절마다 옷이나 신발을 사는 지출도 피할 수 없다. 사다 보면 집에 있는 것들을 또 사는 경우도 있다. 음식 재료는 일단 냉장고에 들어간다. 바로 요리를 해 먹지 않으면 일주일 뒤 버려지는 것이 생각보다 많다. 이런 행위들을 멈추어야 한다는 것이다. 습관적인 소비 형태를 과감히 절약 모드로 바꾸어야 한다고 했다.

지출을 막기 위해서는 신용카드를 끊고 현금이나 체크카드로 사는 것이 좋다. 그러면 소비가 훨씬 줄어든다는 것이다. 가계부를 적는 것도 효율적인 방법이다. 나는 20년 전에 쓰다 말다 했던 가계부를 다시 적어야 하겠다고 생각했다.

둘째, 가지고 있는 것들을 팔아야 한다. 사놓고 입지 않는 옷, 쓰지 않는 물건, 읽지 않는 책들은 중고 카페나 고물상을 이용해서 파는 것이 현명하다. 내가 자주 찾는 카페들에도 '중고물품 사고팔기' 게시판이 있었다. 사람들은 육아용품이나 전자제품 같은 것들을 서로 사고팔았다.

셋째, 수입을 늘려야 한다. 월급을 받고 있다면 투잡을 뛰거나 부업을 할 수도 있다. 장사나 사업을 하고 있다면 홍보 마케팅을 활성화해 수입을 늘리는 방법을 찾아야 한다. 일반 직장인들 같은 경우는 대리 운전이나 아르바이트를 하는 사람도 있다고 했다. 직장을 다니지 않는 가족 이름으로 장사나 사업을 하기도 한다고 했다.

정말 힘들게 사는 사람들은 쓰리잡을 뛰기도 했다.

알고 보면 어렵지 않은 이런 방법들을 모르고 살았었다. 이전과 똑같은 방법으로 살아서는 상황이 달라지길 기대하기 어렵다는 생각이 들었다. 나는 이 방법들을 실행해 보기로 했다. 크게 성공하지는 못해도 손해 볼 것은 없다는 생각이었다. 이제는 빚을 지는 생활이 아니라 빚을 갚는 생활을 해야 했다. 나에게 도움을 줄 수 있는 사람은 없다. 오직 나의 힘으로 그 문제를 해결해야 하는 것이다. 처음에는 엄두가 나지 않았지만 곧 마음을 바꾸었다.

"남들도 다 하는데 나라고 못하겠어?"

04

대한민국은
빚 공화국이다

+ − × ÷

채권자는 잔혹한 주인보다는 나쁘다.
주인은 몸을 쫓아낼 뿐이지만
채권자는 체면을 파괴하고 위신을 파멸시킨다.
− 빅토르 위고 −

"'회수불능' 학자금 대출 8년 만에 최고."

"졸업하자마자 '빚 수렁', 서러운 청춘."

"벼랑 끝 내몰린 20대 청년들, 빚 없인 시작조차 할 수 없다."

우리나라 20대가 빚에 내몰리고 있다는 기사 제목이다. 25~34세 청년들이 '학자금 대출 → 취업난 → 자금난 → 제2금융권 대출 및 대출 돌려막기 → 채무 불이행'이란 악순환 속에서 신용불량자로 전락하거나 급기야는 불법 사금융까지 손을 대고 있다고 한다.

대학만 졸업하면 학자금 대출을 다 갚고 돈을 모으면서 살 줄 알았을 것이다. 그러나 취업이 되지 않아 생활 자금을 빌려야 했다.

직장이 없어 신용도가 낮으니 대부업체의 문을 두드릴 수밖에 없다. 30%가 넘는 고금리와 연체 대금을 견디기 힘들다. 결국 늘어나는 부채로 개인회생이나 파산신청을 하는 청년들도 많다.

예전에는 부모들이 돈이 없으면 자녀를 대학에 보내지 못했다. 등록금은 겨우 마련한다 쳐도 생활비나 책값, 교통비 등 들어가는 돈이 끝도 없다. 시골에서는 자식을 대학에 보내기 위해 땅이나 소를 파는 경우는 있었다. 그마저도 없으면 대학 입학을 포기하는 수밖에 없었다.

2009년 한국장학재단이 설립되면서 우수학생들에게 장학금을 지원했다. 또 학비가 부족한 학생들에게 등록금과 생활비를 대출할 수 있도록 금융권과 연계되었다. 돈이 없어서 대학에 못 간다는 말을 할 수가 없게 된 것이다. 학자금 대출이 가능해지면서 고등학생들의 대학진학률이 80%를 넘었다. 2015년 이후부터는 학자금 대출을 받은 사람들이 사회로 나가기 시작했다. 그로부터 4년이 지난 최근, 대출 상환 독촉에 시달리는 청년들이 된 것이다.

대출 연체자, 개인회생자, 신용불량자. 이런 단어는 그 여파가 한 개인에서 끝나지 않는다. 그들은 자신감을 잃고 결혼을 하지 않는다. 당연히 출산율은 바닥을 치고 있다. 그 부모들은 '취준생(취업준비생)'의 뒷바라지를 하면서 노후자금을 탕진하고 있다.

30~40대도 빚에 허덕인다. 가까스로 결혼을 했어도 술술 빠져

나가는 돈을 막을 능력이 없다. 요즘은 '소비 권하는 사회'다. 스마트폰, 위성방송, 보험, 연금으로 사라지는 돈이 얼마나 많은지 모른다. 또 요즘엔 맞벌이를 하다 보니 식사를 집에서 잘 하지 않는다. 퇴근하고 집에 오면 지치니까 외식, 주말엔 여행이나 캠핑을 간다. 그래서 집은 월세라도 차는 SUV여야 한다. 전세나 자가라도 마련하려면 절반이 넘는 금액을 담보대출로 채워야 한다. 어떤 아파트는 담보대출 비율이 90%가 되기도 한다.

일찌감치 자식 낳기를 포기하는 부부들도 많다. 힘든 세상에서 아이를 낳아 고생시키기가 싫다는 것이다. 또한 아이 때문에 본인들의 생활 스타일이 망가지는 것도 원하지 않는다. 출산율은 매년 바닥을 찍고 있다.

어쩌다 아이가 생기면 낳는 데만 최소 1,000만 원이 필요하다. 출산 준비물에 최소 100만 원, 10개월 병원비와 출산비용도 100만 원 이상이다. 산후조리원은 수백만 원에서 1,000만 원을 넘는다. 돈이 많은 집이 아니고는 아이 낳는 데 엄청난 용기가 필요하다.

아이를 낳는다고 해도 양육비와 교육비는 수익률 마이너스 투자다. 우리나라 사람들은 자식을 위해서라면 '묻지 마' 투자를 감행한다. 투자란 원래 그 가치를 보고 하는 것이다. 투자 대비 회수가 확실할 때만 하는 것이 투자다. 양육비와 교육비는 절대 되돌아오지 않는다. 과연 투자 효과가 있는지도 알 수 없다. 대학까지 보내는 데 최소 2억 원이 든다고 한다. 어떤 수준의 교육을 시키느냐에 따라 그 몇 배로 들 수 있다.

50대도 문제다. 퇴직이나 노후 준비가 된 사람이 아주 적기 때문이다. 우리나라 부모들은 자식이 20세가 넘어도 책임을 진다. 세계 어느 나라를 보아도 서른이 넘은 자식들을 뒷바라지하는 곳은 별로 없다.

문제는 자식들의 자립심, 즉 생존능력이 약해진다는 것이다. 물고기 잡는 법을 가르쳐 줘야 하는데 물고기만 계속 잡아 주는 격이다. 학벌이 좋으니 3D 업종이나 극한 직업 세계에서는 일할 수가 없다. 상황이 조금만 힘들어도 포기하고, 부모나 대출에 손을 벌린다. 그러다 보니 힘든 직업들은 외국인 노동자들이 다 채우고 있다.

가장 심각한 것은 60대 이후 노년 세대다. 자녀를 위해 아낌없이 주는 나무가 되다 보니 정작 자신들 것은 없다. 예전에는 자식을 가르치면 보험이요, 연금이라 했다. 하지만 요즘 자식들이 부모 도움을 받아도 부유하게 살기가 얼마나 힘든가. 자신들 사는 게 힘든데 부모를 돌아볼 것 같은가. 노인들은 자식들한테 처절하게 버림받고 홀로 살아간다. 그저 노령연금과 공공근로 일자리에 연연하면서 하루하루 고독하게 생을 살아간다.

내가 살고 있는 시골에는 자식들이 다 나가고 홀로 살아가는 노인들이 많다. 다행히 마을마다 노인정이나 마을회관이 있어 날마다 그곳에 나간다. 공공근로사업에 80세가 넘는 노인들도 참여하고 있다. 그 일자리도 서로 하려고 해 경쟁이 심하다. 자식들이 많아도 사회 구조상 자신들의 가정을 챙기기에도 급급하다. 부모가 힘들게 살고 있지만 부모를 돌볼 여유는 없다.

우리 아버지는 80세가 다 되셨는데 아들과 손자들을 위해 아직도 수천 평의 농사일을 직접 하신다. 7년 전에 엄마가 돌아가시고 며느리는 집을 나가 베트남으로 돌아갔다. 아들은 당뇨합병증으로 수차례 수술을 했다. 그 비용은 아버지가 다 감당하셨다. 내가 면사무소에 찾아가서 남동생의 사정을 이야기하고 기초생활보호자 신청을 했다. 다행히 동생과 조카 둘이 기초생활수급자로 지정되어 매달 지원금을 받는다. 또, 가장 돈이 많이 들던 병원비와 약값을 지원받으니 아버지의 부담이 많이 줄어들었다.

그래도 아버지는 중학교 1학년인 쌍둥이 손주들을 위해 농사일을 놓지 못하신다. 봄부터 가을까지는 담배농사를 하신다. 담배농사는 농사일 중 가장 힘들다. 한여름인 7월과 8월에 무더위를 견디면서 잎을 수확해야 하기 때문이다. 아버지는 여름에는 옥수수나 감자를 심고, 가을에는 담배밭 이모작으로 콩과 배추, 무 농사를 지으시며, 겨울에는 메주를 만드신다.

시골의 어떤 노인들은 빚이 많다. 자식의 사업이 망해 간다고 돈을 해 준다. 농사일을 하기 위해 농기구를 구입하느라 농협 대출을 받는다. 농가주택자금을 지원받아 집을 짓기도 한다. 농가주택

지원 대출은 20년 상환이다. 농협에서 마이너스 통장을 만들어 사용한다. 봄에서 여름까지 대출을 활용해 농사를 짓고 생활한다. 가을에 수확하면 대출금으로 훅 나간다. 다시 마이너스 통장에 의지해 근근이 살아가는 것이다.

이처럼 우리나라는 20대부터 90대까지 빚으로 살아가고 있다. 빚 앞에서 자유로운 사람이 누가 있을까? 내 주위에는 금수저거나 자수성가해서 자산가가 된 사람들 극소수를 제외하고는 없다. 빚을 해결하기 위한 특단의 조치가 필요하다.

빚으로 고통받고 있다면 당장 도서관으로 갈 것을 권한다. 도서관에 가면 수백 권의 경제 관련 도서가 우리를 기다리고 있다. 빚 청산부터 재테크까지, 20대에서 90대까지 필요한 책들이 쌓여 있다. 빚이 빛으로 변하기 위한 비법은 바로 책이다.

05

빚지기 전에
알아야 할 6가지

+ − × ÷

채권자도 채무자도 되지 말라.
빚돈은 종종 그 자체를 잃지마는 친구를 잃는 수가 있느니라.
− 윌리엄 셰익스피어 −

2000년 1월, 결혼 후 6년 만에 내 집을 마련했다. 결혼했을 때 우리의 전 재산은 600만 원이었다. 6년 만에 자산이 4,000만 원으로 불어난 것이다. 그 사이에 자동차 구입에 1,500만 원이 들어가고, 지인에게 1,000만 원 빌려 주고 했으니 연 1,000만 원씩은 번 것이다. 안 먹고, 안 입고, 안 쓰고 모은 돈이었다.

그때 알았어야 했다. 돈을 모으는 것은 매우 어렵지만 돈이 사라지는 것은 매우 쉽다는 것을. 난 지금 빚을 진 것을 후회한다. 그것도 가슴 쓰리게. 그러면서 깨달은 빚지기 전에 알아야 하는 몇 가지를 정리해 보겠다.

첫째, 과욕을 부리지 말았어야 했다. '과유불급(過猶不及)'이라 했다. 내 집 마련을 처음 했을 때, 그 속도로 다시 6년을 갔다면 어찌 되었을까. 사실 내 집도 반 이상이 은행 대출이었다.

돈을 더 벌어 보겠다고 다른 일에 뛰어들었던 것을 후회한다. 투자를 해 보겠다고 기획부동산에 묻지 마 투자를 한 것을 후회한다. 새로운 파이프라인을 만들겠다고 비상장주식조합에 가입했던 걸 후회한다. 다 부질없는 욕심이었다. 왜 내가 손을 대기만 하면 수익이 나지 않는지 모르겠다.

둘째, 세상에 공짜는 없다는 것이다. 주위에 보면 아파트를 옮기면서 돈을 버는 사람들이 있다. 단지가 크고 새로 건축하는 곳이 있으면 분양을 받거나 구입한다. 담보대출이 많아도 신경을 쓰지 않는다. 나는 부동산에 관심이 없어서 왜 저렇게 하나 궁금했었다. 알고 보니 그렇게 옮기면서 아파트 값이 올라 재산이 불어나는 것이었다. 투자 목적으로 아파트를 사는 것이 아니라 주거 목적인 아파트로 재테크를 하는 것이었다.

어떤 사람은 보수정권 때 민통선 부분의 땅을 샀다. 땅을 사려면 큰돈이 필요하기에 대출을 했다. 진보정권이 되고 남북 화해 분위기가 되었다. 그 땅값은 몇 배로 뛰었다. 그걸 팔고 강화도 쪽의 땅을 샀다. 강화도 쪽은 정권의 영향을 받지 않고 땅값이 올라간다. 그가 판 민통선 땅은 다시 보수 정권으로 바뀌었을 때 폭락했다.

셋째 동생은 제주도에 산다. 몇 년 전 제주도 땅값이 갑자기 올랐다. 제주도에 사는 것이 유행처럼 번져 많은 사람들이 땅을 샀기 때문이다. 또 외국인들에게도 개방되어 중국인들이 많이 샀다. 셋째 제부도 땅을 담보로 대출을 받아 감귤 농장을 좀 샀다. 얼마 후 땅값이 많이 올랐다. 요즘은 제주 거품이 좀 꺼졌지만 아직은 높은 상태다.

나도 땅을 사고 싶었다. 동생이 기획부동산을 소개했을 때 그것이 나에게 온 기회라고 생각했다. 앞에서 이야기한 것처럼 난 1억 5,000만 원 정도 대출을 받아 땅을 샀다. 하지만 그건 결국 사기였다. 재산권 행사를 할 수도 없는 땅이다. 매년 재산세만 내고 있다.

돌이켜 보니 세상에 정말 공짜는 없다. 그것이 정말 좋은 땅이라면 돈 많은 사람들이 다 차지했을 것이다. 그 회사는 쓸모없는 야산을 몇천 원이나 몇만 원에 산 후, 그냥 선을 죽죽 그어 몇십만 원에 판 것이다. 따져 보고, 물어 보고, 공부한 다음에 행동했어야 하는데 회사 간부가 말하는 대로 믿었다. 지금 안 사면 다른 사람이 바로 산다는 말, 안 사면 나중에 후회할 거라는 말을 말이다. 이제 와서 후회하면 뭘 하나. 답답할 뿐이다.

셋째, 경제 교육을 받아야 한다. 가정이나 학교에서 경제관념에 대해 배우지 않아 돈을 제대로 쓰는 법을 모른다. 그냥 부모님을 보면서 어깨 너머로 따라 한 것이다. 사치하지 않는 모습을 본받을 뿐이었다. 아버지가 농사일지를 쓰시는 모습을 보고 나도 가계부를 써야겠다고 생각은 했지만 직장일과 육아에 힘들다는 핑계로 매년 1월에 조금 쓰다가 금방 그만두었다. 습관이 되지 않은 행위였기 때문이다. 누구도 자산관리에 대해 알려 주지 않았고, 나도 시간과 돈을 들여 알아보려고 노력도 하지 않았다.

넷째, 자립정신을 키워야 한다. 동생들이나 주위 사람들을 보면서 깨달았다. 왜 유대인들이 자식을 강하게 키우려 하는지. 경제관념, 자립정신이 없으면 아무리 돈을 주어도 '밑 빠진 독에 물 붓기'라는 것을.

예전에 아버지가 이런 말씀을 하셨다. 형제가 경제적으로 힘들어도 돈으로 막 도와주면 안 된다고. 자립능력이 없는 사람에게 돈만 퍼 부으면 결국 함께 망하는 거라고. 그 말씀이 맞았다. 우리는 가족 간에 경제적인 경계가 별로 없다. 은행이나 남한테 돈을 빌리면 그것은 꼭 갚아야 하는 것으로 생각한다. 하지만 가족이나 형제 간에 빌리면 그건 돈 벌면 갚거나 안 갚아도 되는 것으로 여긴다. "돈 잃고 사람 잃는다."라는 말이 헛말이 아니었다.

다섯째, 빚이 무섭다는 걸 알아야 했다. 어떤 사람들은 빚을 지렛대, 즉 시간과 돈을 당겨주는 것이라 생각한다. 실제로 부동산 투자를 해서 돈을 번 사람들 대부분이 대출을 활용한다. 현금으로 땅을 사는 사람은 거의 없다.

몇 달 전 큰딸이 일하던 1:1 PT센터에서 한 50대 초등 교사를 만난 적이 있다. 그는 송도에 상가를 몇 개 샀다고 했다. 상가가 비싸도 월세가 세기 때문에 대출이자보다 훨씬 많다는 것이다. 그러다 상가가 오르면 팔고 또 새로운 곳을 산다고 했다. 자신은 대출이 많다고 했다. 교사로서 받을 수 있는 대출은 다 받아서 월급날이 되면 실수령액이 300만 원도 안 된다고 했다. 하지만 월세로 이자는 다 해결이 되고도 남는다고 했다. 게다가 상가를 사고팔고 하면서 돈이 벌린다고 했다. 그녀는 대출을 지렛대로 활용한 성공 사례다.

하지만 나에게는 빚이 독사과였다. 빚을 내어 투자한 기획부동산은 사기였다. 사기꾼들의 배만 불려 준 셈이다. 동생들을 몇 번씩이나 도와주었지만 이자도 다 돌아오지 않았다. 내가 돈이 많아서 그냥 내어 주었다면 없는 셈 치면 된다. 하지만 나에게는 대출이 남아 있다. 결국 내가 다 갚아야 한다. 내 코가 석자이니 이젠 누군가를 돕지 못한다.

가장 안타까운 것은 아버지를 돕지 못하는 것이다. 80년을 부모, 형제, 자식을 위해 살아오셨는데 말년이 너무 불쌍하시다. 50년이 다 되어가는 집은 구석구석 망가져 있다. 쥐들이 온 집안을 다 누비고 다닌다. 아버지 집을 새로 지어 드리는 것이 내 버킷리스트 중 하나다.

몇 달 전 큰딸이 25세 동갑내기와 이른 결혼을 했다. 난 엄마로서 혼수를 다 장만해 주고 싶었다. 하지만 난 해 줄 수가 없었다. 다행히 남편이 집 얻을 자금을 빌려 주긴 했다. 그래도 엄마만의 선물을 해 주고 싶었다. 하지만 겨우 빨래건조기 하나로 대신할 수밖에 없었다. 큰딸이 자립적으로 잘 살아 주기만 바란다. 딸은 5월에 출산을 할 예정이다. 출산을 한 후 경력 단절을 끊고 사회에 멋지게 복귀하기를 바랄 뿐이다.

여섯째, 국가정책을 통해 빚을 해결할 수 있다. 난 빚은 무조건 갚아야 하는 것이라고 생각했다. 그래서 동생들의 빚을 나라도 대신 갚아 주어야 한다고 생각했다. 나는 그들과 독립적인 존재이며, 그들이 빌린 돈에 대해 의무감을 가질 필요가 없었는데 말이다.

'빚'으로 검색해 보니 악성 채권에 대한 정책이 많이 있었다. 햇살론 대출, 신용회복제도, 개인회생제도, 개인파산제도 등 다양했다. 실제로 감당할 수 없는 빚을 지거나 억울하게 사기를 당하거나 보증으로 빚을 진 사람들이 이러한 정책들을 활용하고 있었다. 이렇게 국가의 도움을 받으면 주변에 피해를 끼치지 않고 소생할 수 있다.

빚을 지고 사는 사람의 심정은 어떤가. 나는 머리에 무거운 돌덩이를 이고 사는 느낌이었다. 가슴에 큰 바위를 안고 사는 것 같왔다.

'왜 겁 없이 빚을 졌을까?'

'왜 남의 빚 무서운 줄 모르고 달콤하다고만 생각했을까?'

06

신용카드와
이별하라

＋ － × ÷

외상이면 소도 잡아먹는다.
- 속담 -

"휴대전화 요금을 할인받으려고 신용카드를 만들었어요. 매달 30만 원 이상 써야 할인이 된다고 하기에 어차피 생활비로 30만 원 이상 쓰니까 부담 없이 발급받았죠. 그런데 생각했던 것보다 더 긁게 됐어요. 통제가 안 되더라고요. 그래서 한 달 기간을 정해 현금으로만 살아봤어요. 그러니 꼭 사야 할 것만 사고, 쓸 때마다 규모가 잡히니 지출이 통제가 됐어요. 그동안 신용카드의 노예였단 걸 깨달았습니다."

자주 가는 인터넷 카페에 올라온 글이다. 아마 많은 사람들이 이 글에 공감할 것이다. 나도 마찬가지였다.

나는 교사로 발령을 받자마자 학교로 찾아온 영업사원에게 신용카드를 발급받았다. 신용카드가 있으면 현금을 들고 다니지 않아도 되고, 지금 당장 돈이 없어도 물건을 구매할 수 있다는 이야기에 끌렸다. 내가 취직을 했고, 직장인이라는 것이 실감이 났다.

처음에는 신용카드를 사용하는 것이 정말 신기했다. 물건을 살때 돈을 내지 않고 카드만 긁으면 됐다. 금액이 비싸도 상관없었다. 나에게는 월급이라는 것이 있기 때문이었다. 그렇게 매달 17일이되면 월급이 내 통장을 스쳐 카드회사로 빠져나갔다.

나는 그동안 부모님께 용돈을 받아 살았다. 그러다 발령을 받아 일을 하다 보니 사고 싶은 것도 많고, 하고 싶은 것도 많았다. 동료들과 함께 컴퓨터 학원을 다니기도 했고, 에어로빅을 배우기도했다. 또 교사가 되었으니 번듯한 옷도 사야 했고, 화장품이나 신발도 사야 했다. 매주 독서모임을 하면서 책도 대량으로 구매하곤 했다. 동료 교사들이 나이가 비슷하고 취미도 비슷해 친하게 지내며식사도 자주 했다. 방학 때는 매달 모아 둔 돈으로 함께 여행을 다니기도 했다.

아버지께서 내 첫 월급부터 50만 원씩 적금을 넣어 주셨기에월급을 받아도 여유가 별로 없었다. 지금으로부터 28년 전이니 실수령액이 60만 원 정도 되는 달도 있었다. 보너스가 있는 달은 그래도 나았다. 하지만 실수령액이 적은 달은 아버지께 돈을 빌려 카드 대금을 갚았다.

결혼하고 인천으로 학교를 옮긴 후에는 여러 회사의 신용카드를 발급받았다. 영업사원들이 홍보를 할 때마다 카드를 신청했다. 카드마다, 회사마다 혜택이 다르기에 그 혜택을 다 받고 싶었다. 조흥카드, LG카드, 국민카드, 신한카드, 우리카드, BC카드, 비자카드 등 종류도 다양했다. 지갑 칸칸 꽂혀 있는 카드를 보면 마치 내가 부자가 된 것 같은 착각에 행복하기까지 했다.

내가 신용카드를 가장 많이 사용하는 곳은 마트였다. 갈 때마다 이것저것 장을 보면 10~20만 원 정도 나왔다. 계절이 바뀔 때마다 옷을 사거나 필요한 여러 가지 물품들을 사면 200만 원이 훌쩍 넘을 때도 있었다. 할부가 가능하니 전혀 부담되지 않았다.

홈쇼핑 구매도 많은 비중을 차지했다. 방송을 보고 있으면 '한정', '품절'이라는 말에 마음이 조급해져 어느새 전화를 걸고 있었다. 가장 많이 산 것은 청소 도구였다. 부직포, 싹쓸이, 진공청소기, 스팀청소기 등등. 음식 종류도 다양하다. 야채, 생선, 육류, 가공식품 등 가리지 않고 샀는데, 홈쇼핑의 문제점은 대량구매라는 것이다. 다 먹지도 못하고 냉동실에 쌓여만 갔다. 그 외에도 화장품, 의류, 세제 등 많은 것을 대량으로 구매해 쌓아 두었다.

엄마가 위암 투병을 하실 때 쇼핑이 극에 달했다. 홈쇼핑을 보다가 몸에 좋은 제품이 나오면 바로 구매를 눌렀다. 다양한 전자제품이나 신기한 물건이 나오면 그것도 사들였다. 오븐기, 제빵기뿐만 아니라 40만 원 가까이 하는 믹서기도 종류대로 구매했다. 외출했다 돌아오면 우리 집이 홈쇼핑 전시장 같은 착각이 들 정도였다. 그렇게 해서 매달 나오는 카드대금은 수백만 원을 훌쩍 넘었다.

도서 구매를 할 때도 신용카드는 정말 편리했다. 2년 동안 섬에서 근무할 때 독서를 많이 했다. 학교 도서관에서 빌려 읽기도 했지만 신간은 다 구매했다. 인터넷 서점에서 책을 구입하면 섬까지 배송을 해 줘서 아주 편리했다. 그럴 때마다 신용카드가 얼마나 고마운지 몰랐다. 서점에 가서 책을 살 수도 있지만 육지로 나왔다 들어가면서 가지고 가야 할 짐들이 많아 불편했기 때문이다.

나는 빚과 이별하기로 결심하고 최선의 방법을 찾기 시작했다. 인터넷 카페에 들어가 다른 사람들의 사례를 찾아보기도 하고, 책에서 방법을 찾기도 했다. 다양한 사례들이 공통적으로 제시하는 방법은 신용카드를 자르라는 것이었다.

처음에는 불가능하다고 생각했다. 지금까지 신용카드는 내 삶의 일부이자 동반자였다. 신용카드를 사용함으로써 나의 신용등급과 대출 한도가 높아진 것이었다. 그런데 그런 신용카드와 이별하라니 가당키나 한 말인가.

그래도 그렇게 많은 사람들이 권하고 실천했다는 것은 그만큼 효과가 크지 않을까 하는 생각이 들었다. 그래서 도전해 보기로 했지만 당장 끊을 수는 없었다. 이미 내가 쓴 카드대금이 수백만 원이라 당장 현금을 쓸 여유가 없었다. 일단 다음 달에 나갈 카드대금을 카드론으로 해결했다.

이제 현금만 쓰기로 했다. 부자들은 신용카드뿐만 아니라 체크카드도 없다고 한다. 심리상 현금이 손에서 떠나려고 하면 아깝다는 생각이 든다고 한다. 그래서 구매하고 싶다가도 돈이 아까워 안 사고 만다는 것이다. 그런데 나는 현금도 펑펑 썼다. 전혀 아깝지 않았다. 게다가 돈을 쓸 때 바로 가계부에 기록하지 않으면 나중에 어디에 돈을 썼는지 기억하지도 못했다.

그래서 체크카드를 써 보았다. 체크카드는 통장에 현금이 있어야 결제가 되는 것이라 카드지만 현금과 마찬가지이고, 사용한 내역이 통장에 기록되어 가계부를 작성하기가 쉬웠다. 잔액을 생각하면서 카드를 사용하니 지출 통제도 어느 정도 되었다. 체크카드를 사용한 뒤 월급날에 정말 놀랐다. 월급 통장에 현금이 남아 있었다. 이전에는 카드대금이 빠져나가고 나면 마이너스가 나기도 했다. 이제 카드대금 때문에 카드론 대출이나 카드대금 돌려막기를 하지 않아도 되었다.

신용카드를 아무 생각 없이 긁은 대가는 생각보다 컸다. 빚 문제를 해결하기 위해 신용카드를 끊은 것은 내 인생에서 가장 큰 결심이었고 획기적인 변화였다. 체크카드와 현금으로 생활하고 난 뒤 소비가 나도 모르게 줄어들어 생활비가 이전보다 반도 안 들었다. 월급날 카드대금이 빠져나가지 않아 통장에 잔고가 쌓이는 신세계를 경험하게 되었다.

지금도 나처럼 신용카드와 과소비로 고생하는 사람이 많을 것이다. 나처럼 신용카드를 끊고 현금 생활을 하게 된다면 자신도 모르는 사이에 규모 있는 삶을 살게 될 것이다.

07

절박함이
나를 움직였다

+ − × ÷

책과 친구는 수가 적고 좋아야 한다.
− 스페인 격언 −

"빚을 갚기 전에는 고기를 사 먹지 않겠다."

《왕의 재정》을 쓴 김미진의 결단이다. 내가 읽은 수많은 책 내용 중에 이렇게 극단적이고 철저한 방법은 없었다.

빚을 갚기로 결심하고 찾았던 책들 중, 도움을 가장 많이 받은 것은 딱 세 권이었다. 손봉석의 《빚, 정리의 기술》, 데이브 램지의 《절박할 때 시작하는 돈관리 비법》, 김미진의 《왕의 재정》이다. 그 책에서 도움받은 내용들을 정리하고자 한다.

《왕의 재정》은 막냇동생이 교회 집사님에게서 추천받은 책이라며 알려 주었다. 김미진 작가는 여러 교회에서 재정 강의를 하고 있다고 한다. 유튜브 동영상도 있다고 해서 찾아보았다. 빚 갚는 방법과 그 과정이 충격적이었다. 나는 책을 구입해 바로 읽었다.

저자는 20대부터 안경점을 크게 했다. 안경점은 아주 잘되었다. 그는 손도 크고, 통도 커서 저소득층 청소년들을 위해 무료로 안경을 맞춰 주는 기부활동도 왕성하게 했다. 하지만 보증을 선 게 잘못되어 100억 원대 부도를 맞았다. 기도로 지혜를 구한 그는 제주도로 이사 가기로 결정했다. 그 전에 빚쟁이들을 불러 모아 놓고 선포했다. 참고 기다리고 있으면 꼭 빚을 갚겠지만, 자꾸 빚 독촉을 하면 한 푼도 갚지 않겠다고.

저자는 제주도에 가서 극빈 생활을 했다. 초등학생인 아들에게도 상황을 이해시켰다. 빚을 갚기 전에는 고기를 돈 주고 사 먹지 않겠다고 다짐했다. 그뿐만이 아니다. 다른 맛있는 음식도 일절 사 먹지 않겠지만 하나님이 허락하실 때, 즉 누군가가 음식을 가져다줄 때는 먹기로 했다. 남의 빚을 갚지 못하면서 먹고 싶은 것을 먹고, 입고 싶은 옷을 입고, 하고 싶은 일을 할 수는 없다는 생각에서였다. 일은 하나님이 허락하신 간사가 되기로 했다. 훈련비도 없어서 믿음으로 최소한의 비용만 내고 입학 허락을 받았다.

저자는 빚을 다 갚고 난 이후부터 여러 교회에서 재정 세미나를 진행하고 있다. 한국 교회는 빚을 많이 지고 있다. 교회 건축부터 빚으로 시작한다. 신도들도 빚지는 것에 대해 거부감이 없다. 김미진 간사는 모든 가용 자산을 이용해 빚부터 갚으라고 한다. 대표적인 것들이 장기적금과 보험 등이다. 빚이 많으면 집도 팔아서 갚으라고 했다. 신도들이 빚을 지는 것은 하나님의 뜻이 아니라고 했다.

이 책을 읽고 나의 생활태도를 돌아봤다. 난 은행에 그렇게 많은 빚을 지고도 할 건 다 했었다. 먹고 싶은 것은 먹었고, 입고 싶은 옷도 맘껏 사 입었고, 가고 싶은 곳도 다 갔다. 배우고 싶은 것도 다 배우고 하고 싶은 건 다 했다. 최근 몇 년 동안 해외여행도 네 번을 다녀왔고, 그중 세 번은 자비로 다녀온 것이었다. 섬에 가서는 일이 많다는 핑계로 밥을 해 먹기보다는 동료들과 함께 사 먹는 경우가 많았다. 보험도 여기저기 들고 있었다.

저절로 굳은 결심이 나왔다. 일단 큰 마트에 가지 않았다. 우리 집은 이미 많은 것들로 포화상태였다. 냉장고를 열어보니 몇 년 전 것부터 식재료와 음식들이 칸칸이 쌓여 있었다. 냉장고만 파 먹어도 몇 년은 거뜬히 살아갈 수 있을 것 같았다. 외식 횟수도 확 줄였다.

그리고 옷을 거의 사지 않았다. 한때 옷을 엄청 사들였던 적이 있다. 아파트 근처 상가에서 초등학교 은사님의 사모님께서 옷가게를 운영하셨기 때문이었다. 처음에는 인사만 드리러 갔었는데 내가 좋아하는 스타일의 옷이 많아 한 벌씩 사기 시작하면서 점점 단골이 되었다. 사모님은 새 옷이 들어오면 꼭 문자를 보내 주셨다. 그럼 나는 퇴근할 때 방문해서 옷을 샀다. 그렇게 3년이 지나니 옷장에 옷이 꽉 들어찼다. 가끔 동생들이 와서 자신들이 입는다며 가져가기도 했다. 그래도 몇 년은 옷을 사지 않아도 될 정도로 옷이 많다. 옷감이 좋아 여러 번 빨아도 헤지지 않으니 앞으로는 있는 것만 입으리라 결심했다.

여행도 거의 가지 않았다. 교사라는 직업의 장점으로 많은 사람들이 방학을 꼽는다. 나도 방학을 이용해서 해외여행을 몇 번 갔었다. 이젠 빚 갚기 전에는 해외여행을 가지 않겠다고 굳은 결심을 했다.

또, 보험을 깨고 조정했다. 혹시 모르는 상황에 대비해 한두 개만 남겨두고 다 정리했다. 보험은 해약환급금이 적다. 그래도 앞으로 들어갈 금액을 생각하면 지금이라도 깨는 것이 낫겠다고 생각했다.

《빚, 정리의 기술》은 빚의 종류와 빚지게 된 원인과 동기에 대해 언급하고 있다. 빚에도 좋은 빚과 나쁜 빚이 있다. 좋은 빚은 돈을 벌어주는 빚이고, 나쁜 빚은 돈을 쓰게 하는 빚이다. 내가 진 빚은 다 나쁜 빚이라는 것을 알게 되었다. 헛된 욕망이 불러온 빚, 은행만 배부르게 하는 빚인 것이다.

부자는 위기가 닥치면 첩부터 정리한다는 말이 있다. 즉 빚을 빨리 갚는 것을 최우선으로 해야 된다는 것이다. 저자는 '10년 통장'을 강조했다. 금액이 큰 자동차 같은 것을 구입하고 싶으면 10년 동안 적금을 부으라는 것이다. 통장에 '자동차 통장'이라고 이름을 붙이는 것이 좋다고 했다. 새 차를 사면 다음 달부터 적금을 새로 시작하면 된다. 10년 뒤 자동차를 바꿀 때 현금으로 사기 위해서다. 수입통장과 지출통장에 이름을 붙이면 효율적으로 빚을 갚고, 현금으로 살아가는 것이 쉽다는 얘기도 했다.

저자의 말에 가슴을 쳤다. 나는 집을 늘려 갈 때마다 대출을 받았다. 워낙 가진 돈 없이 결혼생활을 시작하기도 했지만, 이런 방법을 몰랐던 것이 더 큰 원인이라 생각했다. 자동차도 반 이상은 할부로 구입했다. 기획부동산 땅을 살 때도 겁 없이 대출을 감행했다. 비상장주식투자를 할 때도 대출이었다. 심지어 동생에게 돈을 빌려 줄 때도 빚을 내어 주었다. 내가 빌리면 동생이 대출할 때보다 이자가 싸다는 이유였다.

그 결과가 어떻게 되었던가? 빚은 전혀 갚지 못하고, 이자만 겨우 갚고 있었다. 심지어 동생에게 빌려준 돈은 원금은 거의 회수되지 않고 몇 년은 이자도 갚지 못했었다. '빚'에 대한 개념과 원리를 몰라서 받아야 하는 고통은 생각보다 너무 컸다.

《절박할 때 시작하는 돈관리 비법》은 저자가 미국 사람이다. 이 책을 읽고 미국도 빚 문제가 우리나라처럼 심각하다는 것을 알았다. 이 책은 먼저, '부채'와 '부'에 대한 잘못된 상식을 알려 주었다. 비상자금을 일단 모으고 난 후 빚을 갚는 생활을 하라고 안내하고 있다. 신용카드를 끊고 현금과 체크카드로 생활하라고 했다. 노후

자금, 자녀 학자금, 주택담보 대출금을 상환하는 과정과 방법에 대해 7단계로 설명했다. 저자는 파산 상태에서 단계적으로 실천해 빚을 갚고, 이제는 다른 사람들이 빚을 갚을 수 있도록 돕고 있기에 신뢰가 갔다.

저자가 추천한 방법 중 비상금을 만들어 두는 것이 있다. 미국은 고용시장이 불안정하기 때문에 언제 일자리를 잃을지 몰라 불안한 사람들을 위한 방법이라고 한다. 단기적으로는 100만 원, 장기적으로는 6개월 급여 정도의 금액을 마련해 두고 현금으로 생활하면 된다는 것이다. 나도 처음에는 100만 원의 비상금을 마련했다가 현금만으로 생활이 정착된 후에는 50만 원의 비상금을 마련해 두고 생활했다.

반드시 빚을 해결하겠다는 절박한 의지만이 당신을 빚의 구렁텅이에서 꺼내 줄 수 있다. 나는 책을 읽고 빚을 갚는 과정에서 아주 쉽고 간단하면서도 엄청난 비법들을 알아냈다. 010 9267 9593으로 연락하면 독서로 문제를 해결하고 삶을 변화시키는 비법을 전수해 줄 수 있다. 행동하는 사람만이 인생을 스스로 이끌어나갈 수 있다는 점을 명심하자.

08

독서로
내 인생이 바뀌었다

+ − × ÷

누구에게나 정신적으로 하나의 기원을 만들어 주는 책이 있다.
− 장 앙리 파브르 −

"오늘은 뭐 해?"

"응, 난 도서관 갈 거야."

"또 도서관? 너는 도서관을 정말 좋아하는구나."

친구와의 통화 내용이다. 난 도서관에 자주 간다. 퇴근 후나 휴
일에는 꼭 도서관에 간다. 지인과의 만남 장소로도 애용한다. 도서
관에 가면 엄청난 양의 책들이 있다. 제발 읽어 달라고 애원하는
것 같다. 지나칠 수 없어 책을 꺼낸다. 그렇게 내가 도서관에 가는
것은 일상이요, 습관이다.

도서관을 좋아하게 된 계기는 고등학생 때로 기억한다. 시골에
서 청주로 가 공부를 하는데 마음먹은 대로 되지 않았다. 1학년 때

는 하숙을 했다. 하숙집 주인 가족들은 항상 친절하게 대해 주셨다. 결혼한 두 딸들도 다 한집에 살았다. 주말이면 집 안이 북적거렸다. 나도 같이 시간을 보내면 좋았겠지만 그러면 공부를 할 수 없었다. 그래서 나는 주말마다 도서관에서 공부를 했다.

학교 야간자율학습 시간에는 잡념이 들고 떠드는 친구들이 신경 쓰여 담임 선생님께 말씀드려 학교 도서관에서 공부를 했다. 나처럼 공부에만 집중하는 친구들이 모여 있어 조용하고 집중이 잘되었다.

6년 전 내 인생에서 가장 암울한 시기를 맞이했다. 내 통장의 잔고가 마이너스 2억 원을 찍은 것이다. 인정하기 싫지만 사실이었다. 1년에 2,000만 원씩 갚아도 10년이 걸린다. 빚만 갚다가 세월이 다 갈 것 같았다. 무슨 방법이 없을까? 대체 이 대출의 늪에서 나를 구원할 수 있는 방법이 무엇일까?

그때 도서관이 떠올랐다. 나는 국어 교사라서 학교에서도 도서관 관련 업무를 여러 번 맡았다. 쉬는 시간, 점심시간마다 도서관에서 학생들을 기다리면서 책을 읽었다. 또 집에서 가까이 있는 도서관을 찾아 책을 읽었다. 시간이 남거나 집중할 일이 필요할 때 도서관을 찾아갔다. 프로젝트를 하거나 공부를 할 때도 그곳을 찾았다. 도서관은 나의 서재이고, 공부방이며, 쉼터였다.

내가 그간 읽었던 책도 생각났다. 책을 읽을 때 행복했던 감정이 떠올랐다. 책은 외로움과 고독감을 떨칠 수 있게 해 주는 가장 중요한 도구였다. 책은 내 인생의 친구이자 동반자였다.

나는 예전부터 힘들 때 사람을 잘 찾지 않았다. 집에서 맏이였기 때문일지도 모른다. 오 남매의 맏이였기에 학교 진학이나 인생을 헤쳐 나가는 모든 문제들을 나 홀로 해결했다. 부모님은 자식들 뒷바라지에 최선을 다하셨지만 농사일에 바빠서 나의 고민을 털어놓을 수 없었다. 나보다 어린 동생들에게 묻기도 어려웠다. 또 언니, 누나가 돼서 고민을 털어놓자니 체면이 깎이는 것 같았다. 그리하여 중요한 선택의 순간에는 언제나 나 혼자 결정했다. 이번에도 나의 고민을 털어놓을 사람은 찾지 못했다. 내 고민을 들어 주려면 시간이 필요할 것 같아 미안한 마음도 들었다.

그래, 책이다. 책은 나 혼자 읽고, 그 안에서 해법을 찾을 수 있었다. 작가들이 인생을 살면서 찾은 다양한 해결책과 비법을 찾아내면 된다. 그리고 실행에 옮기면 될 일이었다. 당장 도서관으로 달려갔다.

경제 관련 도서가 수백에서 수천 권에 이르는 것을 보고 놀랐다. 이런 분야에 무관심하게 살았는데 이렇게 정보가 널려 있었다니. 그중 10권 정도를 몰입해 읽으면서 세 가지를 다짐했다.

첫째, 메모하면서 읽자. 메모는 기억의 도구다. 아무리 머리가 좋아도 책 내용을 다 기억할 수는 없다. 나는 독서 기록장을 만들었다. 김미진의 《왕의 재정》, 데이브 램지의 《절박할 때 시작하는 돈관리 비법》을 읽으면서 깨알같이 메모했다. 중요한 내용은 빨간 줄을 그었다.

둘째, 책에서 찾은 내용을 실행하자. 지금까지 수많은 책을 읽어 왔지만 내 인생은 변하지 않았다. 그 이유가 뭘까 생각해 보니 바로 '실행'이었다. 책 속에는 작가들의 경험과 조언이 수없이 많다. 자존 감을 키워라, 자신감을 가져라, 행동하라, 부지런해라, 매일 책을 읽 어라, 열정을 가져라 등등.

책을 읽고 변화된 것도 있었다. 긍정적인 마인드, 열심히 살고자 하는 노력, 부지런함 등. 하지만 어느 날 돌아 본 내 인생이 실패작 같아 우울했다. 너무 큰 고난을 만난 것 같아 좌절감이 밀려 왔다. '나는 잘될 거야'라는 긍정보다는 '내가 뭘 하겠어?'라는 부정 마인 드가 나의 생각을 지배했었다. 책을 읽고 다시 긍정 마인드로 변신 했다.

나는 책에서 얻은 비법들을 실천했다. 신용카드를 끊고 가계부 를 썼다. 특히 가계부 작성은 계속 실패해 오던 일이었지만 이번에 는 절박해서인지 학교 업무로 바쁜데도 불구하고 열심히 정리했다. 그 당시 나는 학교에서 고3 담임을 맡았고, 다음 해에는 2학년 부장 을 하면서 담임도 겸임했다. 새벽 6시 30분쯤 나가서 밤 11시 30분 에 귀가하는 일상이 반복되었다. 가계부는 점심이나 저녁식사 시간

후에 학교에서 작성했다. 그날 못 적으면 다음 날이라도 꼭 적었다. 엑셀로 내용을 정리하니 통계도 한눈에 다 들어왔다. 사실 지출할 시간이 없어서 무지출을 찍는 날도 많았다. 가계부를 적으면서 이 전보다 지출이 줄어드는 것을 눈으로 확인할 수 있었다.

그리고 자산현황표와 부채현황표를 작성했다. 막연히 빚이 얼마쯤 되리라고 생각하며 살았다. 부채현황표를 작성해 보니 내 빚의 실체가 드러났다. 몇 년이면 갚을 수 있는지 계산했다. '빚 갚기 5개년 계획'을 세워 놓고 파이팅을 외쳤다.

자산현황표를 정리한 뒤 보험 한 개를 해지했다. 딸들의 보험도 해지해 그 중도환급금으로 빚을 갚았다. 때마침 셋째 동생이 우체국 보험 일을 시작했다. 우체국 보험은 보험금은 저렴하고, 보장은 잘 되어 있어 아이들과 나의 보험은 그곳으로 갈아탔다.

기획부동산으로 구입한 230평 토지는 최악이었다. 재산권 행사를 전혀 할 수가 없었기 때문이다. 연금이나 공제회 장기 저축은 사용할 수 없었다. 퇴직 때가 가장 이자가 세고 돈이 많기에 지금 해약할 수는 없었다. 특히 연금은 퇴직하지 않는 한 해지가 불가능했다. 현재 가용 자금이 없다는 것은 나에게 배수진의 의미였다. 주위 사람들에게도 기댈 데가 없고, 내 자산에도 기댈 데가 없다는 건 그만큼 상황이 나쁜 것이다. 앞으로 내가 실천하는 방법밖에는 해법이 없었다.

셋째, 동생들에게도 비법을 알려 주자. 네 명의 동생들도 모두 빚을 갖고 있었다. 크고 작은 차이는 있지만 모두 자신들의 능력으로는 갚기 어려운 상황들이었다. 나는 책을 읽고 터득한 비결인 신용카드를 잘라 버리고 체크카드나 현금만 사용하기, 자산과 부채현황 파악하기 등을 동생들에게 알려 주었다. 하지만 따라 하기가 쉽지 않았는지 성공담이 들려오지 않았다. 그래도 과소비하지 않고 절약하며 사는 것이 다행이었다.

"호랑이굴에 잡혀 가도 정신만 차리면 산다."

나는 이 속담을 가슴에 새기며 닥친 문제를 해결하기 위한 노력을 했다. 나에게 가난은 순식간에 다가왔다. 막연한 희망을 갖고 빚을 내는 순간 가난의 방석에 앉은 것이다. 2억 원이라는 거액의 빚더미에서 탈출하기 위해 나는 도서관을 찾았고, 울면서 책을 읽었다. 그리고 해결 비법을 찾아 실천했다. 자산과 부채를 파악했고, 신용카드와 이별하고 체크카드를 만났다. 가계부를 작성하며 무지출 행진을 이어갔다. 책에서 읽은 것을 실천함으로써 나의 빚은 점점 사라지고 있었다.

PART **3**

누구나 독서로
경제적 자유를
누릴 수 있다

01

생존독서로
가난에서 벗어나라

$+ - \times \div$

우선 제1급의 책을 읽으라.
그렇지 않으면 그것을 읽을 기회를 전혀 갖지 못하게 될지도 모른다.
– 도로 –

마흔이 넘어서면서 빚이 조금씩 생겼다. 45세에는 빚이 2억 원이 되었다. 우리 가정의 빚이냐고? 아니다. 나 혼자 진 빚이다. 내나이 마흔일곱 되던 해에 드디어 '빚'의 실체를 깨달았다. 방법이 없을까? 이리저리 둘러보아도 도움을 청할 데가 없었다. 친정이나 시댁이나 다들 빚더미에서 살고 있었다. 누구에게 말할 수 없었다. 동료들에게 털어놓을 수도 없었다. 파산이나 개인회생을 할 수도 없었다.

살기 위한 독서를 했다. 이름하여 '생존독서'였다. 무엇을 하든 절실하고 절박할 때 집중이 잘된다. 내가 실천할 수 있는 방법을 찾으면 밑줄을 긋고, 메모를 했다. 포스트잇을 붙이고 중요한 부분은

접기도 했다. 도서관에서 빌린 책에는 그렇게 할 수가 없어서 따로 메모장을 마련했다. 실천을 위한 독서를 시작한 것이다.

그렇게 읽은 책이 100권이 넘는다. 빚 해결뿐만 아니라 주식, 펀드, 부동산, 경매에 대한 책들도 함께 읽으며 재테크 지수를 높였다. 빚을 다 갚고 나면 종잣돈을 마련할 것이고, 그 돈으로 재테크를 하리라 계획했다. 다음은 책을 읽고 내가 실천한 내용이다.

첫째, 신용카드를 끊고 현금이나 체크카드로 생활했다. 처음에는 쉽지 않았다. 신용카드를 끊어야지 생각만 한 채로 4개월이 흘러갔다. 카드값이 이미 잔뜩 쌓였고 할부로 구입한 것도 있어 기간도 많이 남아 있었기 때문이다. 그래서 비상금을 마련하기로 했다. 월급날 50만 원에서 100만 원 정도를 CMA 계좌에 옮겨 놓았다. 남은 금액으로 카드대금을 먼저 갚았다. 2개월 정도 카드대금을 갚고 난 후에는 대출 원금을 갚기 시작했다.

그때 대출 이자는 복리로 계산된다는 것을 알았다. 적금이나 예금은 거의 단리 이자를 받는다. 연 2%라고 하면 12개월 지난 후 2%를 받는 것이다. 복리라는 것은 매달 이자가 원금에 더해지는 원리다. 대출 이자가 2%인데 1년 후에 갚는다고 가정하자. 그러면 이자를 안 갚은 것에 연체료가 붙어 마지막에는 엄청난 이자를 갚게 된다. 아니, 이자 납입 연체로 원금 상환 독촉을 받게 된다. 매달 이자를 내는 것이니 그것이 쌓이면 복리 효과가 되는 것이다. 그러니 은행이 돈을 벌 수밖에 없다는 생각이 들었다. 예금과 대출의 이자율 차이를 예대 마진이라고 한다. 보통 예대 마진은 2배 이상 이다. 즉 적금 이율보다 대출 이율이 평균 2배 이상 비싸다는 것이 다. 실제로는 서너 배는 되는 것 같다.

둘째, 마트나 백화점은 가지 않았다. 어떤 책에서는 집에 있는 냉장고를 없애라고도 했다. 냉장고에 가득 채우기 위해 자꾸 쇼핑 을 하기 때문이다. 냉장고를 없애고 집 앞에 있는 슈퍼를 자기 집 냉장고로 여기라는 것이다. 필요할 때마다 슈퍼에서 조금씩 사다 먹는 것이 결과적으로는 절약이라는 것이다.

우리 집에는 양문형 냉장고와 김치냉장고가 있었다. 언제 열어 봐도 냉장고는 가득 차 있었다. 큰맘 먹고 냉장고 정리를 싹 해 놓 아도 얼마 못 가 그곳은 다시 채워졌다. 친정에는 냉장고 1대, 김치 냉장고 2대, 냉동고 2대가 있었다. 거기에는 제주도에서 정육점을 하고 있는 작은집과 동생들이 보내 준 고기들이 가득 차 있었다. 전기세만 해도 10만 원은 훌쩍 넘었다. 한여름에는 20만 원이 넘을 때도 있었다.

난 차마 냉장고를 없애지는 못했다. 슈퍼가 멀다는 핑계를 댔다. 대신 냉장고 비우기를 실천했다. 냉장고를 샅샅이 살펴서 들어있는 것들을 종류별로 구분해 정리해서 냉장고 문에 붙였다. 식사 준비 를 하기 전에 그 목록을 보고, 있는 재료를 활용해서 음식을 만들었다. 그 음식은 사진을 찍어 짠돌이 카페에 인증했다. 응원의 댓글이 달리는 것은 나의 실천 의지를 강하게 했다.

냉장고 속은 쉽게 비지 않았다. 먹어도 먹어도 재료가 남아 있었다. 1년이 넘어서 상한 것 같은 재료는 버렸다. 몇 개월을 먹었더니 냉장고 속이 좀 휑해졌다. 장기간 보관이 필요한 기본 재료만 남고 거의 정리가 되었다. 냉장고가 텅 빌수록 나의 빚더미도 줄어들고 있었다.

셋째, 외식을 하지 않았다. 그때가 큰딸은 대학생, 작은딸은 고등학생이었다. 딸들에게도 엄마의 심각성을 알렸다. 감추는 게 능사는 아니라는 생각이 들었다. 앞으로는 외식을 거의 하지 않고 집밥을 먹을 것이라고 이야기했다.

부모가 가난하고 가정이 힘든 상황에서 자수성가하는 사람들이 많다. 가정에서 결핍을 경험한 사람들이 경제관념이 일찍 생겨절약하면서 돈을 벌려고 하기 때문이다. 큰딸에게는 아르바이트를 하라고 했다. 큰딸은 대학 입학 후 3개월 후부터 다양한 아르바이트를 했다. 그 돈으로 자신의 밥값, 교통비 같은 생활비를 스스로 해결했다.

넷째, 휴대전화는 알뜰요금제로 바꿨다. 책을 읽다 보니 휴대전화 요금에 대한 정보도 있었다. 우체국 알뜰폰을 쓰면 통신요금이 훨씬 저렴해진다는 것이다. 딸들에게도 권해서 다들 통신사를 바꾸었다. 그 결과 나는 6만 원 이상 나오던 요금이 2만 원 이하로 떨어졌다. 몇 달 후 작은 딸이 가입을 했는데 그 사이에 더 저렴한 요금제가 나와 있었다. 통신사만 바꿨는데 가족의 휴대전화 요금이 10만 원 이상 저렴해지는 것을 경험했다.

'가난'을 해결할 열쇠는 책에 있다. 이전에는 책과 가난을 연결시키는 것은 상상도 못했었다. 책을 읽고 가난이나 빚을 해결할 수 있다는 것을 짐작도 못했다. 하지만 책을 읽으니 되었다. 책 속에 가난을 해결하는 방법과 부자가 되는 방법이 다 있었다.

우리나라는 빚에서 자유로운 사람들이 별로 없다. 20대에는 학자금 대출, 30~40대에는 결혼 자금, 전세 자금, 주택 구입 대출, 50~60대에는 자녀 결혼 자금, 자녀 주택자금 대출, 70~80대에는 의료비와 생계비 지출, 90~100대에는 요양원비 등등…. 빚에서 자유로운 세대가 어디 있는가?

지금 당장 서점이나 도서관에 가자. 빚이나 가난이라는 단어로 검색을 해 책을 찾아 집중해서 읽어 보자. 자신이 실천할 수 있는 방법을 정리해 행동해 보자. 1억 원이 넘는 빚이라 하더라도 3년 안에 갚을 수 있다.

02

부채, 자산, 현금 현황 정리하기

+ − × ÷

책은 읽되 전부 삼켜버리지 말고,
무엇에 이용할 것인가를 새겨두어야 한다.
− 헨릭 입센 −

빚은 티끌로 시작해, 눈덩이처럼 불어나고 어느새 산더미처럼 쌓인다. "남의 돈 무서운 줄 모른다."는 말처럼 카드와 마이너스 통장, 담보 대출, 신용 대출, 대부업체 대출 등 빚의 종류는 얼마나 많은가.

나는 빚과 관련된 책을 100권 정도 읽었다. 내가 읽은 책들에는 빚 없는 가정을 만들기 위한 과정이 상세하게 안내되어 있었다. 빚을 갚기 위해서는 모든 빚을 드러내야 한다고 했다. 온 가족의 빚을 드러내야 한다는 것이다. 부채현황표를 만드는 것이다. 금융기관별로 어떤 빚이 있는지를 알아야 한다.

제1금융권은 일반적인 은행을 말한다. 이율이 제일 저렴해서 고객들에게 있어 대출은 유리하고 적금은 불리하다. 안전성은 높고 위험도는 낮은 편이다. 설립 목적에 따라 특수 은행, 일반 은행, 지방 은행으로 구분한다.

제2금융권은 보험사, 증권사, 저축은행, 투자 전문 회사, 여신 전문 회사가 있다. 이율이 높아 저축은 유리하고 대출은 불리한 편이다. 제1금융권보다 신용 진입 장벽이 낮아 담보나 자산이 부족한 사람들이 많이 이용하는 편이다.

사금융권인 대부업체, 사채업체도 있다. 예전에는 금리가 60%를 넘기도 했지만 2018년 연 최고금리는 24%로 제한되었다. 제도권에서 대출을 받지 못하는 서민들이 주로 돈을 빌린다. 신용등급 제한이 높지 않기 때문이다. 만약 연체를 하면 갚아야 할 돈이 금방 원금을 넘어서게 된다. 소액으로 빌린다고 해도 금리가 살인적이기 때문이다.

내 주위에도 제1,2금융권의 대출을 막기 위해 대부업체 돈을 빌린 사람들이 있다. 그들은 제도권 대출과 카드론, 카드 돌려 막기 등을 다 했기 때문에 대부업체가 거의 마지막이다. 당장 수입을 크게 늘리지 않는다면 대부업체 빚은 결코 갚을 수가 없다. 다음 순서는 신용회복, 개인회생, 개인파산의 순서로 진행된다.

부채현황표를 만들 때는 가족 구성원별, 금융권별로 정리를 해야 한다. 나는 재정을 따로 관리했기에 나의 부채현황표만 만들었다.

부채현황표(2013. 8)

대출 기관	내 역	비 고
연금관리공단	2,000만 원	4.62%
공제회	3,000만 원	5% 정도
국민은행1	8,000만 원	6% 정도
국민은행2	5,000만 원	4% 정도
카드론 및 카드대금	1,000만 원	8% 정도
학자금	1,000만 원	0%
합 계	2억 원	

그중 학자금 대출은 무이자이고, 장기적으로 갚을 거라 신경을 별로 쓰지 않았다. 6종의 대출 중 이자율이 높은 순서는 카드론 및 카드대금 > 국민은행1 > 공제회 > 연금관리공단 > 국민은행2 > 학자금이다. 이 당시 빚에 쪼들릴 때는 사실 제2금융권이나 대부업체까지 검색해 보았었다. 대출이율이 너무 높아서 아예 연락을 할 생각을 하지 않았던 게 참 다행이라는 생각이 들었다.

두 번째 단계는 자산현황표를 작성하는 것이다. 자산에는 동산, 부동산 모두 포함된다. 먼저, 현금이나 저축 현황을 파악한다. 특히 장기저축보험이나 보험 현황을 파악하는 것이 중요하다. 직장에서 하는 공제회나 연금은 이자도 복리로 볼 수 있어 퇴직 시에 이자를 가장 많이 받기에 현황 파악만 할 뿐이다. 자동차나 팔면 돈이 되는 고가의 물건도 파악한다. 부동산 현황도 파악해야 한다.

당장 빚을 갚는 데 사용할 수 있는 것은 보험이나 저축성 보험이다. 생명보험이나 종신보험은 계약사항을 잘 따져 봐야 한다. 보장이 중복된 것은 없는지, 필요 없는 특약사항은 없는지 따져 봐야한다. 그런 다음 보험은 구조조정을 하는 것이 필요하다. 그렇게 되면 고정 지출을 줄일 수 있다. 저축성 보험이나 연금 보험은 해약해 빚을 갚는 데 써도 된다.

나도 책에서 읽은 대로 자산현황표를 작성했다. 보험, 적금, 동산, 부동산을 다 정리하기 시작했다. 나에게는 빚을 갚을 수 있는 가용자금이 거의 없었다. 다만 보험만 해지해 빚을 갚았다.

자산현황표(2013. 8)

구 분	금 액	비 고
기획부동산 토지	0원	재산권 행사 못함
연금	8,000만 원	연금으로 돌릴 예정
공제회	2,000만 원	퇴직 때 회수 예정
보험	100만 원	해지 예정
동생 빌려준 돈	1,500만 원	받아야 내 돈
합 계	1억 1,600만 원	

셋째 단계는 가계의 현금흐름표를 작성하는 것이다. 먼저 월 수입을 파악한다. 수입은 정기적인 급여 수입과 비정기적인 아르바이트 비용 같은 것들이다. 다음은 지출을 파악한다. 생활비, 보험료, 저축, 대출 원리금 상환 현황 등이다.

현금흐름표

수입 현황

구 분	수 입	비 고
급여	350만 원	실수령액

지출 현황

구 분	지 출	비 고
생활비	40만 원	
통신비	15만 원	
교통비	20만 원	
교육비	20만 원	
보험	20만 원	
경조사비	20만 원	
원리금 상환	215만 원	
합 계	300만 원	

이때는 자가용이 없어서 버스로 출퇴근을 했다. 집에서 직장까지 거리가 멀었다. 버스비도 구간요금이 적용되어 왕복 4,000원 정도 들었다. 주말 교통비도 포함했다. 두 딸의 통신비를 내가 내고 있어 통신비가 많았다. 두 딸의 보험도 내가 들고 있었다. 이렇게 정리를 하니 내 자산의 윤곽이 다 드러났다. 이제 현금흐름표의 계획대로 수정하면 된다. 가끔 보너스가 들어오면 그것도 모두 대출 상환에 쓰기로 했다.

빚 탈출 과정에서 가장 중요한 것은 가계부 작성이다. 빚을 갚겠다고 결심하고 부채와 자산을 파악했을 때는 희망이 보인다. 하지만 곧 '내가 왜 이렇게 살아야 하나? 내 빚이 과연 줄어들기나 할까?' 하는 고민에 휩싸인다. 가계부는 그런 부정적인 마음을 잡아줄 수 있는 버팀목이 된다. 가계부를 써 보니 나의 한 달 현금 흐름을 한눈에 파악할 수 있었다.

월급이 들어오면 먼저 빚부터 상환했다. 중간에 다른 수입이 생기면 바로 빚 통장 은행으로 보냈다. 연말 결산을 하니 첫해에는 2,500만 원 정도 갚았다. 이대로라면 빚 갚기 기간을 단축시킬 수 있을 것 같다는 희망이 생겼다.

03

책은 삶의 문제를
해결해 주는 도구다

＋ － × ÷

책 속에 길이 있다.
－ 속담 －

게리 폴슨의 《손도끼》는 한 소년이 경비행기가 불시착하면서 무인도에 떨어져 생존하는 내용을 그린 책이다. 캐나다 삼림에 불시착한 주인공에게는 손도끼 하나밖에 없었다. 그 도구 하나로 그곳에서 생존하는 과정을 보며 우리 인생과 같다고 생각했다.

살면서 불행을 예고받는 사람은 없다. 어느 날 갑자기 불행이 찾아와 예상치 못하는 사이에 상황이 악화된다. 또 불행은 혼자 오지 않고 다른 불행과 함께 온다. 우리는 그것을 해결하기 위해 사투를 벌인다. 하지만 우리 손에는 해결 도구가 없다. 있어도 매우 부실해서 문제를 해결하기도 어렵다. 손도끼 하나로 거대한 삼림을 헤쳐 나가기는 어렵다. 소설 속에서는 가능할지 몰라도 현실에서는 통하지 않는 이야기다.

하지만 우리에게는 문제를 해결할 강력한 무기가 있다. 바로 '책'이다. 인간이 문명을 발전시킬 수 있었던 이유는 언어가 있었기 때문이다. 그 언어를 통해 역사를 기록하면서 문명은 더 발전한 것이다. 선조들이 겪었던 문제를 이미 알고 해결책을 찾아서 그것을 또 후손에게 전달한다. 그것이 책이다.

사람이 살면서 아무런 문제가 없는 경우가 있을까? 나도 살면서 많은 인생 문제를 만났다. 가장 큰 문제는 돈 문제였다. 기획부동산과 비상장주식투자로 날린 돈, 동생들에게 빌려 준 돈 등 빚이 2억 원에 달했다. 감당할 수 없는 돈이었다. 손도끼로는 해결할 수 없었다. 강력한 무기가 필요했다.

그때 나는 책이라는 무기를 만났다. 아니, 이미 알고 있었는데 그것의 진가를 이제야 알아 본 것이다. 그동안 읽어 왔던 책을 생각해 보니 책은 곧 문제 해결 도구였다. 내가 고민하고 있는 것들이 책 속에 있으리란 확신이 있었다.

돈, 빚, 대출에 대한 책을 읽고 또 읽었다. 내가 실천할 수 있는 방법을 적었다. 그리고 실행했다. 신용카드를 끊었고 체크카드를 사용했다. 책에서 읽은 대로 가계부를 작성했다. 매주, 매달마다 통계를 냈다. 내 수입과 지출의 흐름을 파악했다. 선 빚 갚기, 후 지출의 생활 패턴을 유지했다. 월급날이 되면 한 달 쓸 비상금만 남겨두고 빚을 갚았다. 매달 빚이 줄어드는 기적을 경험했다. 매달 무지출의 날이 늘어갔다. 이 방법들이 다 책에 있었다. 난 책으로 빚을 갚은 내 경험을 통해 자신감을 얻게 되었다.

나는 업무 해결법도 책에서 얻었다. 학교에 근무하다 보니 많은 문제를 만나게 되었다. 수업 문제, 학생들 생활 문제, 업무 관련 문제 등 문제의 연속이었다. 교사들이 가장 쉽게 접하는 해결 방법은 직무연수다. 원격 연수나 오프라인 연수를 통해 모든 문제의 해결책을 찾는다.

나는 독서를 통해 해결책을 찾기로 했다. 요즘 학교에는 '전문적 학습 공동체'가 트렌드다. 교사들이 학습 공동체를 만들어 전문성을 향상시키는 것이다. 2년 전 전임교에서 '전문적 학습 공동체' 업무를 담당했다. 계획을 수립하고 실행하는 일이다. 많은 선생님들과 함께하는 일이기에 결코 쉽지 않다. 모든 사람을 만족시킬 수 있는 방법은 없기 때문이다.

나는 독서토론을 계획하고 학생 참여 수업방법에 대한 책 목록을 정했다. 거꾸로 교실, 배움의 공동체, 하브루타, 비주얼 싱킹, 프로젝트 수업을 위한 다섯 권을 선정했다. 교사들에게 하고 싶은 수업방법을 정하고 책을 읽으라고 전달했다. 독서하고 정리할 시간을 2주 정도 주었다.

2주 후 50여 명의 교사들을 다섯 그룹으로 나누었다. 각각 독서토론을 한 후 전체적으로 다시 모였다. 그룹별로 토론한 결과를 발표하게 했다, 교사들의 반응이 뜨거웠다. 연수를 시청하거나 강의를 들을 때와는 다르다고 했다. 각각의 수업방식의 철학과 방법에 대해 자세하게 알게 되었다고 했다. 앞으로 독서토론했던 수업방식을 적용하겠다고 했다. 지금까지 오직 강의로 일관했던 수업을 반성한다고 했다. 학생들을 탓할 게 아니라 교사 자신이 변해야겠다고 소감을 밝혔다. 토론 주관자로서 큰 보람을 얻은 소중한 경험이었다.

내가 이런 독서토론 방법을 쓴 이유가 있다. 나도 수업방법에 대한 책을 읽으면서 실천하고 있기 때문이다. 혼자 설명하고 종 치면 돌아서서 나가는 교사는 아무리 좋은 강의를 펼친다 해도 학생들에게 아무런 영향을 줄 수 없다. 함께 머리를 맞대고 대화와 소통을 하면서 수업해야 한다. 그 과정을 통해 학생들은 배움의 즐거움을 느끼고, 문제를 해결하는 과정을 몸으로 익힌다. 그래야 21세기를 헤쳐 나갈 수 있는 핵심 역량이 키워진다. 그것이 학생 참여 수업이고, 그 방법들 또한 책에 다 있었다.

나는 독서법도 책을 통해 터득했다. 책을 읽으면 좋다는 이야기는 익히 들어 왔다. 그런데 왜 책을 읽어야 하는가? 책을 읽지 않고 강의를 듣거나 기술을 익히면 안 되는가? 이런 의문이 계속 들었다. '독서'라는 주제로 책을 검색했다. 책에는 책을 읽어야 하는 이유와 방법, 사례에 관한 내용이 가득 들어 있었다.

책은 가장 빨리 사람을 성장하게 해 주는 도구다. 책을 통해 동서고금의 위인들을 다 만날 수 있다. 훌륭한 사람을 만나겠다고 미국, 일본, 유럽으로 나간다고 생각해 보자. 시간과 돈이 얼마나 소비되겠는가. 그 위인이 쓴 책을 읽는다면 안방에서 그분과 독대하고 있는 것이다. 책을 읽는 시간 내내 그분의 말씀을 듣는 것이다. 그런 조언을 많이 듣는 사람들은 빠르게 성장하고 성숙한다. 그렇게 작은 위인이 탄생하는 것이다.

이지성 작가의 책은 독서 동기를 불러일으키는 데 가장 강력한 무기다. 그의 책을 읽으면 쉬운 독서부터 고차원적인 독서까지 차근차근 단계를 밟고 싶어진다. 《독서 천재가 된 홍대리》를 읽으면 당장 독서 멘토부터 찾게 된다. 멘토와 같이 독서모임에 참석하게 된다. '100일에 33권 읽기'를 시작하고 '1년 365권 읽기'를 도전한다. 'T자 읽기와 H자 읽기'를 하면서 자신의 사고가 확장되는 경험을 한다. 독서에도 슬럼프가 있다는 것을 경험한다. 그것을 극복한 뒤 독서의 대가가 되어 다시 자신의 옛날 모습과 같은 독서 입문자를 만나게 된다. 그에게 도움을 주면서 자신의 옛날이 떠올라 입가에 미소가 돈다.

《리딩으로 리드하라》,《생각하는 인문학》을 읽고는 동서양의 철학자, 인문학자들이 썼다는 인문 고전에 눈을 떴다. 《논어》,《소크라테스의 변명》을 읽었다. 사람이 어떻게 살아야 하는지를 깨달았다. 지금까지 나 자신과 가족이라는 좁은 목적을 가지고 살았다. 이제는 책을 읽고 더 넓은 사회와 세계에도 시선을 돌리게 되었다. 때로는 정의롭지 못한 상황에 대해 비판도 해야 하는 것을 알게 되었다. 사람에게는 관대하되 정의롭지 못하고 평등하지 못한 사회 시스템은 바꾸어야 한다는 것도 알았다.

나는 책을 통해 문제를 해결해 왔다. 내 삶에서 책은 빼려야 뺄 수 없는 것이다. 내 평생 책을 만나고, 그로 인해 문제를 해결할 방법을 찾은 것이 가장 큰 행운이라 생각한다. 이제는 책을 통해 함께 꿈을 꿀 수 있는 사람들을 만났다. 책을 통해 선한 사람들을 만나고 긍정적인 사람들도 만나게 되었다. 이제는 책을 쓰면서 서로를 격려하고 응원하는 동료들을 만났다.

세상에는 아직도 거대한 인생 문제를 만나 끙끙대는 사람들이 많다. 공부를 어떻게 하고 취업은 어떻게 할까 걱정하는가? 사랑과 이별을 고민하는가? 돈 때문에 걱정인가? 사기 당하고 보증을 서고, 돈을 떼여서 삶을 내던지고 싶은가? 재테크를 위해 빚을 내서 투자를 했지만 다달이 돌아오는 이자에 눌려 사는가? 인간관계로 힘든가? 가족 간의 불화로 힘든가? 학교에서, 직장에서 사람들과의 소통이 어려운가? 질병이나 장애로 괴로운가?

답은 책이다. 일단 책을 읽어 보자. 책을 읽고 책 속에 있는 사람들을 직접 만나자. 독서 멘토도 만나고, 독서토론 동료도 만나

자. 꿈 친구를 만들자. 보란 듯이 멋지게 일어나 보자. 그리고 당신도 힘든 사람들에게 도움의 손길을 내미는 선한 사마리아인이 되어 보는 것이 어떨까.

04

책은 나를
배신하지 않는다

+ − × ÷

목적이 없는 독서는 산책이지 학습이 아니다.
− B. 리튼 −

당신은 자신의 월급 체계에 대해 잘 알고 있는가? 교직 사회에는 돈에 무관심한 사람들이 꽤 있다. 발령을 받아도 급여 내역에 대해 상세하게 설명해 주지 않는다. 철저히 독학시스템이다. 경력이 많은 사람들도 상여금이 얼마인지, 보너스가 언제 나오는지 모르는 사람도 있다.

교사들은 대부분 재테크에는 별로 관심이 없다. 그저 내 집 마련하는 꿈만 꾸며 사는 사람이 많다. 자녀를 대학까지 보내고, 결혼을 시키고, 보금자리를 마련해 주면 정작 본인들의 노후는 막막한 사람들도 있다. 어떤 교사는 주식, 펀드에다 선물, 옵션까지 손을 대 신용불량자로 전락한 사람도 있다. 재테크에 대한 기본 지식이 없이 달려들어 생긴 결과다.

이런 현상은 교사들에 대한 사회적인 기대로 생긴 것 같다. 교사들이 교무실에서 월급이나 돈 버는 방법, 재테크에 대해서 크게 이야기한다고 상상해 보자. 왠지 돈에서 초월해야 할 것 같은 교사의 이미지가 망가지는 것 같지 않은가.

가끔 교사 중에도 돈에 관심이 많은 사람이 있다. 그들은 은행의 금리 변동을 주시하고, 부동산에 관심이 많으며, 경매 투자 교육을 받기도 한다. 주식이나 펀드를 하는 사람들도 있다. 나의 중학교 은사님은 일찌감치 재테크를 해서 상가를 몇 채 소유하고 계신다. 남편은 몇 년 전 퇴직해 건물 관리를 업으로 삼고 계신다. 인천에서 같이 근무했던 젊은 남교사는 공무원 아파트 임대 제도를 활용해 부부가 각각 3년씩 합 6년을 전세로 살았다. 그 기간에 알뜰히 종잣돈을 모아 청라지구에 새 아파트를 샀다.

난 원래는 돈에 대해 관심이 많은 편이었다. 사람들에게 대놓고 이야기를 하지는 않았지만 이제 와 과거를 돌아보니 그렇다. 솔직히 잘살고 싶었다. 부모님은 힘겹게 농사를 지으시면서 딸 넷을 대학에 보내셨다. 그분들의 은혜에 보답하고 싶었다. 그래서 결혼 전 찾은 적금 1,000만 원을 몽땅 아버지께 드렸다. 나는 앞으로 평생 벌면 된다고 말씀드렸다. 내가 직업을 가질 수 있도록 뒷바라지 해주신 분이 부모님이니까.

결혼 후부터 돈은 없는데 계속 쓸 일만 생겼다. 많이 벌고 싶은

데 방법이 마땅치 않았다. 그래서 돈 버는 방법을 소개받으면 그때마다 묻지 마 투자를 감행했다. 결과적으로는 모두 실패였다. 어느 날 정신을 차리고 보니 빚만 2억 원이었다. 방법을 찾은 것이 평소 내가 좋아하던 책이었다. 책은 나를 배신하지 않을 거라는 생각을 했다.

책에는 월급이나 통장 관리에 대한 내용도 많았다. 고경호의 《4개의 통장》, 맘마미아의 《맘마미아 월급 재테크 실천법》, 이명로의 《월급쟁이 부자들》, 트렌트 햄의 《월급쟁이의 역습》, 전인구의 《내 월급 사용 설명서》, 짠돌이카페 슈퍼짠 10인의 《누구나 월급만으로 1억 모은다》, 고득성의 《운명을 바꾸는 10년 통장》 등이 그 책들이다. 그중 《4개의 통장》이 가장 실용적이었다. 내용을 간략하게 소개해 보겠다.

- **돈 관리법**
  - −1단계: 지출을 통제하라(지출 관리)
  - −2단계: 예비자금을 보유하라(예비자금 관리)
  - −3단계: 장기간 투자하라(투자 관리)

- **돈 관리 시스템 4개의 통장**
  - −급여통장의 활용(급여 수령 및 고정 지출 관리)

-소비통장의 활용(변동 지출 관리)

-예비통장의 활용(예비자금 관리)

-투자통장의 활용(투자 관리)

나는 저자가 안내하는 대로 실행하기 시작했다. 지출 관리는 가계부를 적으며 해결했다. 가계부 어플도 다운받고, 가계부도 구입했다. 지출은 현금이나 체크카드를 사용했다. 부자들은 현금을 쓰면 아까워서 덜 쓰게 된다고 했다. 하지만 난 현금을 쓰고 영수증을 챙기지 않으면 나중에 가계부 기록할 때 잊어버렸다. 반면 체크카드를 쓰면 통장에 내역이 그대로 남아서 가계부로 적기가 편리했다.

가계부를 적으면서 내 지출현황이 눈에 들어왔다. 그날그날 적지 못하면 일주일 단위로 모아서 적었다. 저자들은 사소한 지출을 막으라고 했다. 그런데 나의 가계부에는 사소한 지출, 군것질들이 많았다. 필요해서 샀는데 집에 와 보면 어딘가에 숨어 있는 물건도 있었다. 홈쇼핑은 소비 주범이었다. 다른 곳에 비해 대량 판매의 끝판왕이었기 때문이다. 화장지는 그나마 소비재니까 다 쓰게 되었지만 세제나 염색약, 화장품 같은 것들은 반도 사용하지 못했다. 사서 쟁여 두고 안 쓰는 것들이 집안 구석구석 박혀 있었다. 가계부를 자주 들여다보며 나의 소비행태를 반성했다. 사고 싶은 욕구가 생겨도 세 번만 참자면서 억제했다. 45년을 살아오면서 하지 않던 행동을 하니 긴장도 되고 즐거웠다. 이제야 경제 마인드가 제대로 형성되는 것 같았다.

예비자금은 일단 월급에서 100만 원 정도를 예비통장에 이체해 두었다. 빚을 갚아야 하니 필요 이상 많은 돈을 이체하지는 않았다. 난 통장이 4개까지는 필요하지 않다고 생각되어 2개만 사용했다. 급여통장과 소비통장을 합쳤다. 나중에 통장 입출금 내역 파일만 저장해도 가계부 역할을 할 수 있었다. 보험이나 통신요금, 대출 이자 상환 날짜, 카드대금 결제일은 급여일에 맞춰 신청했다. 급여일마다 고정 및 변동 지출이 빠져 나갔다. 그리고 남은 것을 가지고 생활비로 사용했다. 예상치 못한 지출이 생기거나 생활비가 모자라면 비상금 통장에서 꺼내 썼다. 당시는 빚 갚기에 집중해야 할 때라 투자통장은 엄두를 내지 못했다.

주위를 둘러보면 가계 부채 더미에 있는 사람들이 의외로 많다. 알코올 중독으로 자신도 모르게 카드를 긁어 빚을 진 사람, 사업이 잘 안 되어 수입보다 지출이 많아 빚이 쌓인 사람, 투자가 잘못된 사람, 지인에게 사기를 당한 사람, 가족을 도와줬다가 못 받은 사람, 친구에게 보증을 섰다가 억대 빚을 안은 사람, 월급은 적은데 카드를 돌려쓰다가 빚이 터진 사람, 주식 투자에 실패한 사람 등등. 책을 쓴 저자들 중에도 그런 사람이 있고, 책 속에서 언급한 사람들도 많다.

사람이 빚을 많이 지면 행복지수가 떨어진다. 정신줄 놓았던 자신에 대해 자책하게 된다. 또 자의가 아니라 다른 사람에 의해 빚을 진 사람들은 억울한 감정에 분노하게 된다. 그로 인해 가족 간 불화도 생기고 가정이 해체되기도 한다. 또 우울증이 심화되어 극단적인 선택을 하기도 한다.

나 또한 부채로 인해 10년째 고통을 받고 있다. 특히 6년 전 부채의 실체에 대해 알게 된 후부터는 삶의 의욕이 많이 떨어졌다. 자기계발을 하고 싶다가도, 투자에 대한 이야기를 들어도 '저건 나와 맞지 않아'라며 외면했다. 동료들이나 잘나가는 친척들, 친구들이랑 대화를 하다가도 머뭇거리게 되고 움츠리게 되었다.

하지만 나는 책에서 방법을 찾았다. 책을 통해 인생이 바뀌는 경험을 했다. 이제는 나처럼 부채에 허덕이는 사람들에게 멘토가 되어 주고 싶다. 010 9267 9593으로 조언을 요청하는 문자 메시지를 보내 보자. 지출을 통제하고 빚과 월급을 관리하는 비법을 모두 알려 줄 수 있다. 돈 되는 재테크 독서로 함께 빛나는 인생을 만들어 보자.

05

짠돌이
따라잡기

+ − × ÷

한 권의 책을 읽음으로써
자신의 삶에서 새 시대를 본 사람이 너무 많다.
− 헨리 데이비드 소로 −

내가 어렸을 때는 '모임'이라고 하면 무조건 얼굴을 맞대고 모여 앉는 것이었다. 사람과 사람이 만나 대화를 하고, 함께 식사를 하고, 함께 웃고, 함께 울었다. 요즘은 직접 만나는 것보다 사이버 공간의 모임이 훨씬 많다. 인터넷 카페, 블로그, 인스타그램, 유튜브, 페이스북, 네이버 밴드, 카카오스토리 등등… 사이버 공간은 너무 많아 다 세기도 어렵고, 지금도 계속해 생겨나고 있다.

나도 '다음', '네이버'를 비롯해 많은 사이버 세상에 가입했다. 카페, 블로그는 수백 곳에 가입했고, 밴드도 수십 개에 속해 있다. 어느 때는 사이버 공간에서 만난 사람들이 가족보다 더 가깝게 느껴질 때도 있다.

나도 모르게 내 돈이 사라지고 있는 것을 알았을 때 나는 인터넷 카페를 찾았다. 그때가 2013년이었다. 대표적인 카페로 '짠돌이 카페'와 '텐인텐 카페'가 있었다. 짠돌이 카페는 주로 주부들이 왕성하게 활동했다. 카페 메뉴도 특이한 것이 많았다. '냉파', '봉투살림법', '풍차적금', '한 달 10만 원 살기' 같은 메뉴 이름을 봤을 때 인상이 깊었다. 카페 주인은 30대 남자였다. 고물장수인 아버지 밑에서 찢어지게 가난한 어린 시절을 보냈다. 군대 제대 후 짠돌이 생활 3년으로 집을 짓고, 짠돌이 카페를 만들어 운영하고 있었다. 회원이 80만 명이나 되는 카페지만 그 흔한 광고 하나 없는 순수 카페였다.

당장 정회원 등업 신청을 했다. 그때 신청서에 있는 "나에게 절약이란 (   )이다. 왜냐하면 (   ) 때문이다."라는 문장에서 빈칸을 채워 넣어야 했다. 나는 "나에게 절약이란 (생존)이다. 왜냐하면 (절약해야 대출에서 벗어날 수 있기) 때문이다."라고 적었다. 카페 게시판을 탐색하고 필요한 내용을 검색해 정리하면서 빚 갚기에 집중했다. 2013년 6월에는 '빚을 갚고 싶은 사람들'이라는 메뉴에 다음과 같은 글을 썼다.

"평범한 직장인, 40대 중반… 이제 안정기로 들어설 나이지만 10년 동안 꼬인 재정이 악화되었어요. 예전에 빚이 있었고 기획부동산 토지를 좀 구입했더니 빚이 1억 7,000만 원입니다. 3년 정도 지나고 보니 원리금은 그래도 좀 갚았는데, 이자만 갚은 것은 원금 그대로라 지난 3월 빚 갚기 프로젝트를 시작했습니다. 10년 안에 갚기. 1년에 2,000만 원씩 갚고 이자도 갚으려면 3,000만 원 정도가 빚으로…. 계획 없이 무리해 막연한 투자를 했던 과거, 수입만 생각하며 했던 소비 등등 이제 돌아보니 어이가 없지만, 제 인생이라 이제 다시 10년을 계획합니다. 10년 빚 갚고 그 뒤엔 은퇴 준비, 노후 준비를 하면 되겠지요. 학자금 대출도 늘어나고 있지만 요즘 무지출과 절약, 적금의 즐거움을 느낍니다. 냉장고 비우기, 폐지 팔기, 대중교통 이용하기 등등. 저는 할 수 있는 노력을 다할 것입니다. 3개월 성적은 만족한 편입니다. 여기에 적고 실천해야 더 책임감을 느낄 것 같아 적습니다."

그 당시 빚이 1억 7,000만 원이었지만 학자금 대출까지 하면 2억 원 정도 되었다. 카페에 글을 쓰자 진정성 있는 댓글이 여럿 달렸다. 나와 같은 사람들이 꽤 있었다. 힘내라는 응원과, 자신도 나와 비슷하다는 글을 보면서 댓글을 달기도 했다.

나는 매일 카페 글을 읽으며 빚 갚기를 실천했다. 월급을 타면 비상금만 남겨두고 먼저 대출 상환을 했다. 2013년과 2014년에는 평균 2,000만 원을 갚았다. 이전에 생각 없이 지출했던 나 자신이 참으로 후회되었다.

2014년 하반기에는 신용카드를 잘라 버리고 가계부를 썼다. 카드는 교직원 복지카드와 주거래은행 실적 연계 카드 두 개만 남겨 두었다. 가계부는 인터넷에서 엑셀 양식을 다운받았다. 그리고 나의 상황에 맞게 변형시켜 사용했다. 나의 자산 정리도 했다. 이런 과정을 거치니 지금까지 정말 막 살아왔구나 하는 자괴감도 들었다.

한 달에 10만 원으로 살기도 실천했다. 물론 꼭 지출해야 하는 덩치 큰 지출은 제외하고 식비나 생활 소비만 10만 원으로 제한했다. 그러려면 단돈 1,000원도 안 쓰는 무지출 날짜가 있어야 한다. 그런 날은 '10만방'에다 글을 올렸다. 냉장고 파먹기도 열심히 했고 글도 올렸다.

2015년은 3,200만 원 정도 갚았다. 딸들 학자금 대출도 받아서 빚을 갚았다. 학자금 대출은 무이자이니 잘만 활용하면 빚 갚는 데 도움이 될 수 있었다. 이자가 안 나가면 그것으로 원금을 갚을 수 있기 때문이다.

도중에 막냇동생에게 또 2,300만 원 정도 대출을 해 주었다. 잘 지내는지 안부 전화를 했는데 직장도 마땅치 않고 다시 보험약관 대출과 햇살론을 받아 쓰고 있다고 했다. 이자라도 아끼라는 마음으로 돈을 빌려 주었다. 하지만 동생의 살림은 더 어려워졌고 아직까지 원금을 못 갚고 있다.

짠돌이 카페에는 극절약 실천가들이 많았다. 먼저 카페 주인 '대왕소금'의 절약 역사는 따라잡기가 힘들다. 회사에서 매일 11시까지 야근하기, 도시락 싸 가기, 라디오나 TV 프로그램에 사연 보내 경품 타기 등. 월급은 200만 원 정도인데 2년 동안 한 푼도 안 쓰고 6,000만 원을 모았다고 했다. 제천에 사는 어떤 청년은 닉네임을 자산으로 표기하면서 계속 바꾸었다. 28세인데 2억 원이 넘는 자산가였다. 그가 글을 올릴 때마다 수십 개의 댓글이 달렸다. '복부인'이라는 닉네임을 가진 회원은 책 세 권을 펴낸 김유라 작가다. 정말 많은 사람들의 절약 체험기를 보면서 댓글도 달고 삶에서 실천하기도 했다.

'텐인텐 카페'도 내가 도움을 많이 받은 카페다. 이 카페는 직장인 남성 회원들이 많은 것 같다. 경제나 주식, 보험, 부동산에 대한 글이 많이 올라오기 때문이다. 이 카페에서는 '텐인텐 경제적 자유 아카데미'를 5주 과정으로 운영한다. 나도 신청금을 내고 몇 번 참석해 보았다. 자본주의의 이해, 부자 되는 공식, 실천, 주식, 채권, 펀드, 부동산 등 재테크에 관한 내용을 주인장이 강의한다. 주인장은 강의 후 뒤풀이 지원을 많이 했다. 그는 평범한 직장인에서 재테크로 건물을 지어 건물주가 되었다. 주식에서도 수익을 거두었다. 이제는 경제적 자유를 누리며 다른 사람들을 돕는 것이 행복이라고 했다.

그 외에도 이지영 작가의 '후회 없이 돈 쓰는 길-머니내비'에도 가입했다. 그의 《심리계좌》라는 책을 읽고 공감 가는 부분이 많아 카페를 찾았다. '흥부야 재테크하자'라는 네이버 카페도 가입했다. 이곳에서는 가계부 엑셀 파일을 다운받아 사용했다. 기본 폼에다 내 상황에 맞게 변형을 해 가계부를 작성했다. 한 달 동안의 수입과 지출 통계가 한 눈에 보였다. 내가 그동안 얼마나 많은 소비를 하고 다녔는지 자세하게 알 수 있었다. 1년이 지나면 1년 동안의 결산 통계가 다 정리된다. 바쁜 일상으로 인해 며칠 밀려서 쓰면 더러 잊어버리기도 했다. 지출 내역을 잊어버리지 않는 방법을 생각했다. 카페에 문의를 했더니 영수증을 공책에 정리한다는 댓글이 달렸다. 나도 얼른 그 방법을 사용해 보았다.

인터넷 카페는 내가 빚 갚기를 실천하는 데 많은 도움이 되었다. 이렇게 해서 4년 동안 1억 2,000만 원 정도의 빚을 갚았다. 만약 빚 갚기를 나 혼자 했다면 동기부여도 잘 안 되고, 빚을 갚으면서도 우울했을 것이다. 쉰 살을 바라보는 시점에 이렇게 빚을 갚고 있는 자신이 정말 한심하게 느껴질 때가 있었기 때문이다. 그때마다 카페에 들어가서 올라온 글을 읽고, 동병상련을 느끼며, 힘내라는 댓글을 달면서 행복했다. 내가 잘못 선택한 방법으로 빚더미 위에 있지만, 최선의 방법으로 노력하면 이겨 낼 수 있다는 희망이 보였다.

요즘 책 쓰기를 하는 데 집중하느라 카페 활동을 좀 소홀히 했다. 그랬더니 소비 욕구가 슬슬 올라온다. 아직은 소비를 할 때가 아니다. 2017년 막냇동생에게 또 3,000만 원을 빌려 주었다. 그리고 사고가 나 차를 폐차시키고 새 차를 사느라 3,000만 원을 지출했다. 다시 빚이 원래 자리로 왔다. 이제 앞으로 5년 다시 노력해서 빚 제로를 만들 것이다. 이제 다시 마음을 잡고 카페 활동을 하면서 빚 갚기에 도전해야겠다.

06

책, 읽지 말고 쓰자

+ − × ÷

그 사람의 인격은 그가 읽은 책으로 알 수 있다.
— 새뮤얼 스마일즈 —

김태광, 김미경, 김창옥의 공통점이 무엇일까? 김 씨? 그것도 있지만 모두 책을 쓴 작가라는 점이다. 이들은 책을 써서 자신의 브랜드를 알리고 지금은 명강사로 성공하고 있다. 만약 이들이 책을 쓰지 않고 강연만 했다면 지금처럼 명강사가 될 수 있었을까? 아니다. 자신이 쓴 책이 없었다면 그렇게 유명해지지 않았을 것이다.

나는 지금까지 책을 읽기만 했다. 책을 읽으면 마음이 편했다. 내가 무언가를 열심히 하고 있다는 느낌이 들었다. 다른 사람에 비해 부지런하고 적극적이고 우아하다는 생각도 들었다. 손에 항상 책을 들고 다니면 읽지 않아도 만족감이 컸다.

책을 읽는 것과 쓰는 것은 엄청난 차이가 있다. 마치 초등학생과 대학생의 차이만큼 다르다. 책을 수백 권, 수천 권 읽기만 해서는 인생이 크게 달라지지 않는다. 나도 책을 많이 읽었지만 삶이 별로 달라지지 않았다. 책 읽기는 좋은 취미 생활의 일부였다. 관심 있는 분야에 대한 지식을 얻었다. 자기계발서를 읽고는 긍정적인 생각을 갖게 되었다. 살다가 닥쳐온 문제를 해결하는 지혜를 얻기도 했다. 책을 쓰면 이보다 더 좋은 점이 몇 가지 있다.

첫째, 자신을 돌아볼 수 있다. 살면서 자신을 깊이 있게 되돌아볼 기회가 얼마나 되겠는가? 설령 뒤를 돌아본다고 해도, 실패하고 넘어졌던 과거를 떠올리기가 쉽다. 그러면 우울감이 몰려오고 자신감을 잃게 된다. 하지만 책 쓰기는 진정으로 자신을 돌아보게 한다. 아니, 민낯의 자신과 마주하게 된다. 벌거숭이가 된 자아를 마주하게 된다.

나도 이 책을 쓰면서 잃어버린 나와 다시 만났다. 이 책의 주제는 내가 읽었던 책과 그로 인해 빚을 갚은 이야기다. 내 과거가 나오지 않을 수가 없다. 어린 시절부터 지금까지 50년 가까운 세월이 기록되었다. 추억 많은 과거, 학창시절, 힘든 가정사 모두가 글감이 되었다. 모든 기억 세포가 글의 소재가 되었다.

처음에는 마음이 힘들었다. 과거의 나와 마주한다는 게 낯설었다. 그것도 성공한 과거가 아니라 실패했던 과거다. 기획부동산 사기 사건, 네트워크 마케팅 경험은 다시 들먹이고 싶지도 않았다. 기획부동산 사건은 아직도 내 인생을 빚의 굴레에서 나오지 못하게 하고 있다. 올케의 가출, 동생의 질병, 엄마의 죽음과 같은 이야기도 사실 숨기고 싶은 사연이었다. 하지만 그것들을 드러내지 않고는 글을 쓸 수가 없었다. 원고를 쓸 때마다 얼마나 울었는지 모른다. 깊은 밤에 혼자 통곡했다. 처음에는 왜 나만 이러냐고, 다 내 잘못인가 하는 생각이 들었다. 내가 잘못 살아온 것에 대한 죗값이라는 생각을 많이 했다.

시간이 흐르며 마음속에 평화가 찾아왔다. 폭풍우가 몰아친 뒤 따스한 햇살이 먹구름을 뚫고 나오는 느낌이었다. 상처투성이였던 내 마음이 치유된 것이다. '치유의 글쓰기'였다. 우울증이 사라졌다. 내면이 단단해졌다.

둘째, 나의 이름을 찾게 된다. 사람들은 나이가 들수록 자신의 이름을 잃어버리고 '○○엄마', '아줌마', '아저씨', '○과장', '○기사'로 살아간다. 책을 쓰면 '○○○ 작가님'이 된다. 자신의 이름이 브랜드가 되는 것이다. 사람은 저마다 개성과 적성이 있다. 사람마다 성격, 말투, 행동이 전부 다르다. 하지만 가만히 있으면 남들은 그 개성을 알 수 없다. 자신에 대해서 말로 전달하는 것은 한계가 크다. 책을 쓰면 주제와 관련된 자신의 이야기가 나오게 된다. 자신의 강점으로 승부하게 된다.

요즘 '퍼스널 브랜딩'이 유행이다. '1인 지식 창업'도 같은 의미다. 세상에 태어나 직장의 일원으로서, 큰 기관의 부속품으로 살기에는 인생이 아깝다. 책을 쓰면 자신의 이름을 걸고 활동할 수 있다. 회사를 위해 하루하루를 살아갈 때와 자신의 이름으로 살아갈 때 그 마음가짐이 같을 수 없다.

셋째, 남을 도와 자신이 잘되는 삶을 살게 된다. 1인 기업가가 주로 하는 일은 남을 돕는 일이다. 우리 사회는 누군가를 도와야 내가 사는 구조다. 이것은 매우 신비한 인간 시스템이다. 아니, 이것은 대자연의 원리다. 누구도 자기 혼자의 이익만 취해서는 행복하게 살 수 없다. '진로 코칭'은 청소년들의 진로 선택을 도와야 한다. '자존감 코칭'은 다른 사람의 자존감을 살려주는 일을 해야 한다. '독서 코칭'은 책 읽는 이유와 방법을 알려 주어야 하는 일이다. 퍼스널 브랜딩은 철저히 고객을 위해 일하는 서비스다. 내가 목숨 걸고 일해야 사람들이 변하고 성장한다. 그들이 변해야 내가 보람을 느낀다.

나는 절박한 사람들을 목숨 걸고 코칭해 그들을 절망에서 건져낸 한 사람을 알고 있다. 그는 아주 불행한 20대를 보냈다. 아버지의 자살, 사랑하는 사람의 죽음, 실직 등 너무나 젊은 나이에 수없이 고통스러운 상황을 만났다. 하루하루 술 없이는 삶을 지탱할 수 없었다.

하지만 그는 꿈을 포기하지 않았다. 베스트셀러 작가가 되는 것이 그의 꿈이었다. 그는 학생들에게 글쓰기 지도를 하면서 책 쓰기 코칭을 하고 싶어졌다. 어설프게 하는 것보다는 책을 많이 쓰고 하자는 생각을 했다. 책을 많이 써서 전문가가 되면 코칭하기가 수월할 것이라 생각했다. 그는 23년 동안 200여 권의 책을 썼다. 그리고 책 쓰기 코칭으로 8년 동안 900여 명의 작가를 배출했다.

그는 자신과 같은 힘든 과거를 가진 사람들을 더 열심히 코칭한다. 아니, '목숨 걸고' 코칭한다. 요즘 자존감이 바닥에 떨어져 삶에 대한 희망이 없는 사람들이 많다. 그는 그런 사람들을 보면 자신의 뼈아픈 과거가 생각나 더욱 힘껏 돕는다. 그는 안다. 다른 사람을 도울 때 자신이 더 행복해진다는 것을. 그는 바로 〈한국책쓰기1인창업코칭협회(이하 한책협)〉의 김태광 대표 코치다.

나는 두 달 전에 그를 알게 되었다. 도서관에서 그의 책을 읽고 감명받아 책에 소개되어 있는 카페에 가입해 글을 남겼다. 그랬더니 그에게서 직접 전화가 왔다. 내일 책 쓰기 1일 특강이 있다고 했다. 나는 특강에 참석했다. 김태광 대표 코치는 장장 6시간 동안 열정적인 강의를 펼쳤다.

끝나고 집에 와 보니 책장에 그의 책이 꽂혀 있었다. 《10년차 직장인, 사표 대신 책을 써라》였다. 나는 이미 그를 알았던 것이다. 그 후로도 그의 책을 몇 권 더 읽었던 것으로 기억한다. 독서를 많이 하던 시절에 그의 책도 샀던 것이다. 그는 책 쓰기에 대한 책을 많이 썼다. 책을 읽고 나도 책을 쓰고 싶다는 열망으로 가슴이 뛰었던 생각이 났다. 그때는 그저 일반 작가로 알았다. 그래서 그것으로 끝이었다.

1일 특강에 참석해 보니 그는 엄청나게 변해 있었다. 큰 성공자의 모습으로 성장해 있었다. 그런데 자신만 경제적으로 성공해 부를 누리는 것이 아니었다. 특강에서 그의 코칭을 받아 책을 낸 사람들이 줄줄이 나와 그에 대한 감사를 표현했다. 황금열쇠를 전달하는 사람도 있었다. 처음에는 이런 분위기가 어색했다.

나는 다시 카페에 들어가 많은 글을 읽었다. 그는 책 쓰기 코칭과 1인 창업 컨설팅으로 많은 사람들을 돕고 있었다. 그냥 의무적으로 하는 코칭이 아니라 목숨 걸고 하는 코칭이다. 밤낮이 없고, 공간의 제약도 없었다. 그는 카페에서, 문자로, 카톡으로, 유튜브 영상으로 사람들과 소통한다. 난 마치 그와 일상을 같이 하는 듯한 착각에 빠졌다.

지금까지 책을 읽기만 했는가? 이 책을 읽으며 저자를 꿈꾸라고 권하고 싶다. 저자가 되면 삶이 확 달라진다. 책을 쓰면서 과거의 상처를 치유하게 된다. 또, 인생 스토리를 풀어내면 자신이 브랜드가 된다. 자신의 경험과 과거를 진솔하게 풀어내면 그것이 저자의 메시지가 된다. 힘들게 살아온 과거일수록 독자들에게 공감과 감동을 준다. 평생 묻힐 뻔했던 자신만의 소중한 경험이 다시 부활

한다. 책을 써서 가장 보람 있는 일은 남을 돕는 삶을 사는 것이다. 〈한책협〉에는 책 쓰기를 통해 인생을 바꾼 사람들이 수백 명이다. 책을 읽기만 했다면 이제는 책 쓰기를 시작하자.

07

연봉이 높다고
안심하지 말자

+ − × ÷

모든 문제에는 숨겨진 보물이 있기 마련이다.
당신이 할 일은 바로 그것을 찾아내는 것이다.
– 우디 앨런 –

"빚으로 시간을 빨리 살 수 있다."

"빚은 내가 통제할 수 있을 때, 내가 빚에 감사할 수 있을 때 져야 하고, 그렇지 않다면 절대로 빚을 져서는 안 된다."

얼마 전 EBS 〈다큐프라임〉 경제대기획 '빚'에서 나온 말이다. 이 프로그램은 전체 3부로 구성되어 3일 동안 방영되었다. 1부 '부채사회—당신의 빚은 얼마입니까?', 2부 '빚의 역습—당신의 빚은 안녕하십니까?', 3부 '미래의 빚—우리는 어떤 빚을 원하는가'로 구성되었다.

한 남자가 빚을 지렛대로 해서 1,200억 원대의 부동산을 굴리고 있다. 그는 "빚이 너무나도 감사한 거예요. 빚이 없으면 지금의 제가 있었을까요?"라며 좋은 빚의 필요성에 대해 강조했다. 《아들 셋 엄마의 돈 되는 독서》를 쓴 김유라 작가도 출연했다. 그는 펀드 투자를 했다가 리먼 브라더스 사태로 큰 손해를 보았다. 절약을 실천하다가 부동산에 관심을 갖고 공부했다. 대출을 활용해 여러 채의 부동산을 구입해 월세 소득을 올리고 있다. 그는 "빚으로 내가 내 시간을 빨리 살 수 있겠네."라고 빚의 좋은 점을 이야기했다.

빚은 우리나라만의 문제가 아니다. 다큐에서는 베네수엘라, 미국 같은 사례를 들어 빚이 개인과 사회에 얼마나 큰 문제가 되고 있는지를 보여 주었다. 외국에서도 학자금 대출이 큰 문제가 되고 있다. 1억 3,000만 원의 빚을 지고 사회에 나와 취업이 바로 되지 않으면 고통스런 삶을 살게 된다. 생을 포기하고 싶은 생각도 든다는 것이다.

나는 이 프로그램을 보면서 바로 내 이야기 같아서 가슴이 먹먹했다. 특히 2부는 과도한 빚이 채무자와 채권자 그리고 다른 개인이나 가계에 끼치는 영향을 짚었다. 나도 채무자로서 빚 때문에 고통받아 봤다. 또 채권자로 동생들에게 몹쓸 말을 하며 화를 내기도 했다. 그래도 성격 좋게 받아들이는 동생들을 보면 안됐다는 생각이 들었다. 또 우리 관계로 인해 부모님이나 다른 형제들 관계도 어색하고 서먹해졌다. 맏이인 내가 제 역할을 못해 속상했다.

"고액 연봉자=황금 족쇄 찬 노예, 부자 되기 어려워."

"고액 연봉? 좋아. 대신 황금 수갑을 채워 주지."

"상위 5% 고소득자, 저축률은 미국 꼴찌."

"매년 바뀌는 고소득자 명단, 고소득은 영원하지 않다."

신문 기사에 달린 표제와 부제들이다. 기자는 소득이 높으면 고급 주택가에 살고, 좋은 차를 타며, 명품을 선호한다고 했다. 하지만 결국 그들도 상류층의 노예라고 했다. 연봉이 높다고 빚과 이별할 수 있을까? 결코 아니다. 연봉이 높으면 그만큼 소비도 커져서 부유한 노예가 될 수밖에 없다.

나도 그런 경험을 했다. 기획부동산으로 2억 원의 빚을 진 후의 일이다. 매달 120만 원 정도가 이자로 나갔다. 우리 4인 가족의 한 달 생활비와 맞먹는 금액이다. 거기다 대출 두 개는 원금까지 갚아 갔기에 실제 내 손에 들어오는 돈은 많이 줄었다.

그러나 난 2년 정도는 실감을 하지 못했다. 연봉과 월급 총액만 보였다. 월급에서 세금, 연금, 의료보험, 친목회비를 빼면 150만 원이 나간다는 것을 생각 못했다. 대출 이자와 원금까지 포함하면 월 급여가 500만 원이라도 실수령액은 200만 원 정도였다. 연봉이 7,000만 원이라도, 매달 빠져 나간 돈을 제외하면 실수령액은 3,000만 원도 안 되었다. 2년 동안 월급 총액과 연봉의 숫자에 착각하며 살았다. 그래서 빚에 대한 개념도 없었고, 빚을 갚을 생각도 하지 않았다.

예전에 했던 모습 그대로 먹고, 입고, 다 쓰면서 살았다.

2년 정도 흘러 현실을 바라보고 큰 충격을 받았다. 절약 생활을 하지 않았기에 소비가 계속되고 있었다. 홈쇼핑에서 할부 구입을 계속했다. 집에서 밥 하기 귀찮으면 바로 외식을 했다. 명품은 못 사지만 옷은 계속 사들였다. 직장에서도 내가 나이 많은 언니였다. 식사를 하러 가면 내가 먼저 계산을 해야 맘이 편했다.

어느 날 빚을 계산하니 2억 원이었다. 드디어 카드 대금이 월급날의 잔액을 넘어서고 있었다. 몇 달 되니 카드론을 받지 않을 수 없는 상황이 되었다. 카드론이 1,000만 원을 넘어서고 있었다. 이러다가 대부업체까지 노크할 지경이었다.

나는 그해 고3 담임을 맡았었다. 새벽같이 출근해 밤늦게 퇴근했으며, 주말에도 자율학습 감독을 위해 출근했다. 수험생 담임이다 보니 수십 개가 넘는 입학전형을 파악하고 상담하느라 쉬는 시간도 없었다. 방학도 반납하고 학생들을 위해 열심히 일했다.

물론 교사로서 당연히 해야 할 일을 한 것이고 큰 보람을 느꼈다. 그래도 내 시간을 바쳐 일한 대가로 받은 월급이 빚으로 몽땅 빠져나가니 허탈함을 금할 길이 없었다.

방법을 찾아야 했다. 월급만으로 부족하다면 또 다른 방법이 있을 것이다. 바로 책이었다. 이제 아껴야 한다고 생각하니 책값도 선뜻 내기가 꺼려졌으나 필요한 것들은 구매했다. 학교 도서관과 지역 도서관을 찾아 책을 빌리기도 했다. 책을 읽으며 나만의 '빚 갚기 프로젝트'를 시작했다.

연봉이 높다고 빚이 해결되는 것은 아니다. 고액 연봉이라도 지출이 수입을 넘을 수도 있다. 또 보증을 서거나, 빌려주거나, 잘못된 투자로 고스란히 빚으로 남기도 한다. 연봉이 높으면 빚에 대한 개념이 둔해진다. 마음만 먹으면 언제든지 갚을 수 있다고 착각한다. 그리하여 일상을 최고급으로 치장하거나 무리한 투자를 하기도 한다. 금방 갚을 거니까 걱정하지 않아도 된다고 생각한다.

방법은 역시 책이다. 자신의 돈을 관리하는 비법을 알지 못하면 언제든지 돈의 역습을 받을 수 있다. 책을 읽고 돈을 지키는 비법을 터득해야 한다. 또 돈을 버는 법을 알아내야 한다. 돈은 사람을 행복하게 해 줄 수 있는 조건 중 하나이기 때문이다. 자신과 가족의 꿈과 미래를 위해 삶을 바꾸는 독서의 세계로 떠나는 당신을 응원한다.

08

책으로
인생을 바꾼 사람들

+ − × ÷

두려움은 희망 없이 있을 수 없고,
희망은 두려움 없이 있을 수 없다.
− 스피노자 −

이지성 작가의 이야기를 다룬 MBC 다큐멘터리 〈사람이 좋다〉
를 본 적이 있다. 그는 성남의 한 동네 옥탑방에서 가난한 어린 시
절을 보냈다고 한다. 아버지가 사업에 실패해 20억 원에 가까운 빚
이 있었기 때문이다. 그는 초등교사로 근무하며 월급을 전부 빚 갚
는 데 썼다. 빚쟁이들이 학교와 집으로 날마다 찾아왔다. 그러한 상
황에서도 하루 서너 시간만 자면서 써내려간 원고를 출판사에 투
고했으나 다 거절당했다. 하지만 그는 포기하지 않았다. 쓰고 또 썼
다. 나중에는 전업 작가가 되기 위해 학교를 떠났다. 드디어 그는 여
러 권의 책을 출판했다. 그러나 바로 베스트셀러 작가가 되지는 않
았다. 《여자라면 힐러리처럼》이 먼저 유명해졌다. 그 유명세를 타고

《꿈꾸는 다락방》도 베스트셀러가 되었다. 지금은 50억 원의 인세를 받고 있다고 한다.

사람들은 현재 그의 모습만 보고 판단한다. 베스트셀러가 수십 권인 작가, 인세가 몇십억 원 들어오는 작가로만 기억한다. 어쩌면 그의 성공은 당연해 보인다. 하지만 그의 20대 과거는 누구보다 비참했다. 20년 전에 20억 원이면 얼마나 큰돈인가? 현재 나의 2억 원은 그에 비하면 아무것도 아니다. 그러니 간절함이 생기지 않나 보다. 그래서 나는 2억 원을 20억 원처럼 생각하려고 한다. 성공하지 않으면 안 되는 배수진을 쳐야 한다. 그리고 꿈을 크게 키워야 한다. 그가 그 빚을 다 갚고 성공했다면 나도 할 수 있다.

오프라 윈프리는 책으로 인생을 바꾼 사람이다. 그는 사생아로 태어나 아홉 살에는 사촌오빠에게 성폭행을 당했다. 열네 살에는 미혼모가 되었는데 그 아들은 2주 후에 죽었다. 그야말로 불행한 삶을 살았다.

고등학교 때 라디오 프로에서 일하면서 그의 재능이 발휘되었다. 토크쇼에서 자신의 어두웠던 과거를 다 드러낸 것이다. 솔직하고 즉흥적인 감정 전달 덕분에 그의 토크쇼는 인기가 많아졌다. 그는 미국에서 너무나도 유명한 〈오프라 윈프리 쇼〉를 진행했다. 그는 경영자로 탈바꿈했고, 세계 500대 부자에 들었으며, 자산은 40억 달러(4조 5천억 원)가 넘는다고 한다.

"당신이 성공한 힘의 원천은 무엇입니까?"

"나를 이만큼 만든 것은 독서입니다."

오프라 윈프리의 대답이다. 그는 어릴 때부터 책을 많이 읽었다. 새엄마가 성경을 읽어 주면서 책 읽기를 시키고, 독후감 요약과 발표를 엄격하게 시켰다. 교실에서도 책을 많이 읽는다고 따돌림을 받을 정도였다.

학창시절 책을 많이 읽었던 그는 19세부터 지역 라디오 방송국에서 일을 하게 되었다. 재치 있는 말솜씨와 타고난 소통과 공감 능력은 청취자들을 사로잡았다. 그는 사연을 보낸 사람들과 함께 울고 웃었고, 자신의 경험을 숨김없이 드러내었다. 자신의 어두운 과거를 드러내면서 메신저가 된 것이다. 그의 힘은 바로 독서였던 것이다. 그의 명언들은 전 세계 사람들에게 큰 울림을 주고 있다.

"다른 사람을 험담하는 사람을 멀리 하라. 부정적인 이야기를 하는 사람은 반드시 부정적인 에너지를 가지고 있다. 내 자신까지 오염이 될 수 있으니 멀리해야 한다."

"나보다 나은 사람들과 만나고 친교하라. 그들의 조언을 잘 듣고 충실히 이행하면 더 나은 삶이 된다."

"포기하지 말라. 포기가 습관화되면 현실에서 자꾸 도망가게 된다. 도전정신이 중요하다."

《왕의 재정》을 쓴 김미진 간사도 그 많은 빚을 해결했다. 남의 돈을 갚지 못한 사람은 자신을 위해 돈을 쓰지 않아야 한다고 했다. 하나님이 허락하지 않으면 잘 먹고, 잘 자고, 잘 입을 수 없다고 자신을 엄하게 다스렸다. 자청해서 극빈자의 삶을 살았다. 된장과 고추장으로 밥을 비벼 먹으며 살았다. 사랑스러운 아들에게도 고기와 우유를 사 주지 않았다.

그도 해냈다. 지금은 교회에 다니면서 청빈과 성부의 삶을 살라고 강의한다. 빚을 갚기 위해서는 유휴자금이나 장기 적금, 보험을 거의 다 깨라고 한다. 그동안 무감각하게 빚지고 살았던 사람들이 그의 강연을 듣고 반성한다. 빚 없는 삶을 누리기 위해 가능한 한 노력을 다한다.

《6개월에 천만 원 모으기》,《부자가 된 짠돌이》,《부자가 되는 기술》의 공저자 이대표는 80만 회원이 있는 〈짠돌이 카페〉 주인장이다. 그의 아버지는 고물상을 했고 어릴 때부터 집안은 찢어지게 가난했다. 군대에 다녀와 취직을 했지만 급여는 많지 않았다. 그는 몇년 동안 회사에서 밤 11시까지 야근을 도맡아 했다. 회식을 하지 않아도 되고, 돈을 쓸 일이 없었다. 점심은 도시락을 싸서 다녔다. 그렇게 모아서 결혼도 하고 첫 집을 마련했다. 이제는 아파트도 사고, 상가도 소유한 건물주가 되었다.

《절박할 때 시작하는 돈관리 비법》의 저자 데이브 램지는 20대

후반에 부동산 총액이 50억 원을 넘었다. 그러나 3년 만에 전 재산을 탕진했다. 그는 좌절하지 않고 방법을 찾았다. 그의 책 목차를 보자. '부채에 대한 잘못된 상식, 부에 대한 잘못된 상식, 비상자금 100만 원 빨리 모으기, 눈덩이 빚 없애기, 비상자금 완성하기, 노후자금 마련하기, 자녀 학자금 마련하기, 주택담보 대출금 상환하기' 같은 평범한 제목들이다. 그는 상식적인 방법과 성공적인 재정 운영으로 다시 일어섰다.

그는 CBS 라디오 프로그램을 진행하며 전 세계의 빚진 사람들에게 희망을 주었다. 그가 빚 갚은 비법은 힘들고 어려운 방법이 아니었다. 누구나 마음만 먹으면 실천할 수 있는 상식적인 방법이다. 난 이 책을 처음 읽었을 때 미국이 아니라 우리나라 사람이 쓴 책인 줄 알았다. 용어나 방법이 일반적이었기 때문이다. 아무리 쉽고 효과적인 방법이 있어도 실행하지 않으면 소용이 없다.

이지성, 오프라 윈프리, 김미진, 데이브 램지. 이들의 공통점은 무엇인가? 모두 빚을 졌었다는 것이다. 그리고 그 빚을 해결하고 성공했다는 것이다. 어떤 어려운 상황에 빠져도 방법을 간절히 찾고 실행하면 된다.

이들이 해냈다면 나도 할 수 있다는 생각이 들었다. 자신감이 생겼다. 오프라 윈프리처럼 책을 읽으며 자존감을 높이기로 했다. 이대표, 김미진, 데이브 램지처럼 절약과 극한 절제로 지출을 줄이기로 했다. 이지성 작가처럼 책을 꼭 내고 싶었다. 빚 갚은 이야기를 다른 사람들에게 하겠다고 결심했다. 나는 지금, 책을 쓰고 있다. 작가의 길을 시작하고 있다.

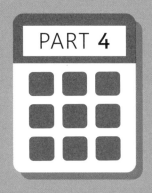

PART 4

삶을 바꾸는
부자 독서법

01

일상을 바꾸는
새벽 독서법

＋ － × ÷

하루라도 책을 읽지 않으면 입에 가시가 돋는다.
- 안중근 -

밤낮이 바뀐 사람들이 많다. 우리 두 딸도 마찬가지다. 일찍 자고 일찍 일어나면 좋겠는데 그걸 못한다. 한밤중까지 TV를 보거나 둘이 대화하다가 새벽이 되어야 잠이 든다. 아침 무렵에는 비몽사몽 헤매며 좀처럼 눈을 뜨지 못한다. 좀 일찍 자라고 해도 말이 통하지 않는다.

나는 아침 시간을 활용해 독서를 자주 했다. 어렸을 때부터 형성된 습관이다. 특히 섬에서 교사 생활을 할 때는 아침보다 새벽을 활용했다. 밤 10시쯤 퇴근했는데, 관사가 학교 근처에 있어서 퇴근하는 데 5분밖에 걸리지 않았다. 새벽에 읽던 책을 다시 펴서 두세 시간 독서를 하고 잠을 청했다. 책의 세계로 빠져들어 잠이 안 온

적도 많다.

새벽 4시에서 5시 사이, 나도 모르게 잠이 깨면 세수하고 바로 책을 잡는다. 어젯밤에 읽다 만 책이 머리맡에 항상 놓여 있다. 두세 시간 정도 책을 읽다가 출근한다. 그렇게 하면 하루, 적어도 2~3일이면 한 권을 읽는다.

새벽은 온전히 나만의 시간이다. 새벽에 회의하자는 사람은 없다. 회식하자고 하는 이도 없다. 새벽에는 가족들도 꿈나라로 가 있다. 누구에게도 방해받지 않는 시간이다. 그래서 새벽에 책을 읽으면 집중이 잘된다. 나와 책만 존재하는 시간, 그때가 바로 새벽이다.

새벽 시간을 활용해 인생에 성공한 사람이 많다. 대표적인 인물로 '김도사'라 불리는 〈한책협〉 김태광 대표 코치가 있다. 그의 저서 《천재작가 김태광의 36세 억대 수입의 비결, 새벽에 있다》와 《출근 전 2시간》을 보면 새벽 시간의 중요성을 알 수 있다. 그는 20대 초반부터 출근 전 새벽 시간에 매일같이 글을 썼다. 아니, 책을 썼다고 하는 것이 더 정확한 표현이다.

처음에는 시인이 되기 위해 시를 썼고 시집을 출간했다. 직장생활을 하면서, 공사장에서 막노동을 하면서도 새벽 시간을 놓치지 않고 붙잡았다. 그는 23년 동안 200여 권의 책을 펴냈다. 또한 8년간 900여 명, 2018년에만 317명이 책을 내도록 코칭했다. 남녀노소 상관없이 그를 만나면 3개월 안에 책을 내는 작가로 탄생한다. 이런 결과를 잉태한 시간이 바로 새벽이었다고 그는 고백한다.

'변화경영연구소'를 운영했던 고(故) 구본형 소장은 2년 동안 새벽 4시에 기상해 글을 썼다. 그가 쓴 《익숙한 것과의 결별》, 《낯선 곳에서의 아침》, 《그대, 스스로를 고용하라》들은 불과 1~2년 사이에 쓴 것들이다. 1인 창업이라는 새로운 일을 준비하는 과정에서 1년에 한 권 이상을 쓴 것이다. 창업 준비를 하는 자신의 자세를 확실하고 분명하게 담아내고 있다. 이런 결과가 나온 것은 바로 그가 새벽을 살았기 때문이다.

새벽에 할 수 있는 일은 얼마나 있을까? 후지모도 겐고의 《3시간 수면법》, 사이쇼 히로시의 《아침형 인간》을 보면 새벽이나 아침을 통해 인생을 바꾼 사람들은 부지기수다. 새벽 시간을 활용해 자격증을 몇백 개 딴 사람도 있다.

고졸 출신 명장 김규환 씨는 대우중공업 입사에 실패해 사환으로 입사했다. 그는 몇 년 동안 새벽 5시에 출근해 기계 워밍업을 준비했다. 그는 자격증 시험에서 수십 번을 낙방하고도 포기하지 않고 도전했다. 그리하여 우리나라 1급 자격증 최다보유자가 되었다. 그는 학원에 다녀 본 적도 없는데 하루에 1문장씩 외워서 현재 5개 국어를 할 수 있다. 그는 제안 2만 4,612건, 국제발명특허 62개 보유자로, 지금은 전국으로 강연을 다니는 유명 강사다.

"부지런하면 굶어 죽지 않는다."

"준비하는 자에게는 반드시 기회가 온다."

"목숨 걸고 노력하면 안 되는 일 없다."

김규환 명장의 성공법칙이다. 그는 보통 밤 9시경에 잠들어서 새벽 12시나 1시경에 일어난다. 그리고 새벽 6시까지 책을 보다가 출근한다. 이렇게 새벽을 활용한 것이 그의 성공 요소 중의 하나다.

새벽을 여는 사람들은 자신의 일에서 성공한다. 이른 새벽에 일어나는 사람은 늘 자기계발을 한다. 또는 관심 분야에 대한 전문적인 공부를 하기도 한다. 어떤 이는 체력을 관리하기도 한다. 예전부터 새벽에 일어나 독서를 하는 사람들도 많다. 다른 사람들은 아침 잠에 빠져서 꿈속을 헤매고 있다. 그렇게 일정한 시간을 보내고 나면 그들 간에 양극화가 심해진다.

새벽은 독서하기에 아주 좋은 시간이다. 고요한 시간에 깨어 세수를 하고 맑은 정신으로 자리에 앉는다. 집중해서 2시간 정도 읽다 보면 책에 빠져들게 된다. 책을 읽은 후에는 실행으로 이어진다. 책을 읽는 것 자체도 의미는 있다. 하지만 독서의 진정한 의미는 실행이다. '일독일행(一讀一行)'이라는 말이 있다. 책 한 권 읽고 그 내용 가운데 하나씩 실행을 한다면 읽는 사람들의 인생이 얼마나 달라지겠는가?

새벽은 누구나 활용할 수 있다. 주부라면 새벽에 일어나 식구들이 깨기 전에 독서를 할 수가 있다. 식사 준비를 하는 간간이 틈새 독서를 할 수도 있다. 직장인이라면 정말 아무에게도 방해받지 않는 유일한 시간이 새벽이다. 직장인들은 업무와 관련 도서도 많이 읽어야 한다. 하지만 책 읽을 시간이 없다고 한다. 새벽을 활용하면 업무 관련한 책이나 자기계발, 소통을 할 수 있는 책을 읽을 수 있다. 학생들도 새벽에는 누구의 간섭도 받지 않고 책 속으로 빠질 수 있다. 새벽을 활용하기 가장 좋은 사람들은 노인층이다. 어르신들은 거의 새벽잠이 없다. 새벽 일찍 깨어 독서를 한다면 노후가 정말로 아름다울 것이다.

많은 사람들이 새벽에 일어나기를 어려워한다. 갑자기 새벽에 일어나 며칠 노력하고는 지쳐서 포기해 버리는 사람들도 있다. 이는 생체리듬을 바꾸기 위한 노력을 하지 않았기 때문이다. 새벽에 일어나기 위해선 밤에 일찍 자야 한다. 적어도 밤 12시 이전에는 자야 새벽에 깰 수 있다. '3시간 수면법'에서는 새벽 기상을 하기 위해 단계적으로 훈련을 하기도 한다. 3주 21일 동안 습관을 들이면 우리 뇌에서 그 시간에 기상하라고 메시지를 준다는 것이다. 또한 밤에 음식을 많이 먹지 않아야 한다. 야근을 해 출출한 배를 채우느라 늦은 시간에 야식이나 술을 먹고 잠을 청하는 경우가 많다. 밤에 음식을 먹으면 혈액이 위로 몰려 소화를 시키느라 숙면을 취할 수가 없다. 적어도 저녁 8~9시 이후에는 음식을 먹지 않도록 해야 새벽에 일찍 깰 수 있다.

새벽은 나만의 시간이다. 나는 새벽을 이용해 독서를 꾸준히 했다. 그 결과 빚 문제를 해결하는 데 필요한 독서를 빠른 시간에 할 수 있었다. 이후 지금까지도 새벽이나 아침을 이용해 꾸준히 책을 읽고 있다. 요즘은 새벽에 책을 쓰고 있기도 하다. 또 많은 성공자들이 새벽 시간을 활용해 꿈을 이루어 냈다. 그들이 해냈다면 누구라도 할 수 있다.

삶을 변화시키고 싶은가? 독서를 하고 싶으나 시간이 없다고 생각하는가? 그렇다면 아무도 당신을 간섭하지 못하는 시간, 바로 새벽을 깨우자.

02

직장인을 위한
출퇴근 독서법

+ − × ÷

책을 읽는 데에 어찌 장소를 가릴쏘냐.
- 퇴계 이황 -

직장인들은 누구나 출근과 퇴근을 반복한다. 그 시간에 주로 무엇을 할까? 모자란 잠을 자거나 스마트폰을 보거나 음악을 듣기도 한다. 출퇴근 시간을 활용해 독서를 하는 것은 아주 효과적인 독서 방법이다. 독서를 좋아하는 사람에게 출퇴근 시간은 놓칠 수 없는 기회의 시간이다.

난 28년 동안 출근과 퇴근을 하고 있다. 출퇴근 시간을 모두 모으면 대체 몇 시간이나 될까? 출퇴근하는 데 걸리는 시간은 독서를 하기에 좋다. 특히 대중교통을 이용해서 오가는 경우가 좋다. 내 경험으로는 버스보다는 전철이 더 좋았다. 전철이나 기차는 흔들림이 적어서 좋다. 차체가 흔들리지 않으니 멀미가 덜하다. 책의 내용이 머릿속에 쏙쏙 들어온다.

오래전에 인천에서 강남까지 일주일에 한 번씩 다녀 온 적이 있다. 독서대학을 다녔는데 6개월 동안 일주일에 2권씩 모두 50권을 읽는 프로그램이었다. 나는 평소에도 책을 항상 가지고 다녔다. 이번에는 주당 2권의 책을 읽어야 했다. 두께도 무시할 수 없는 책들이었다. 스티븐 코비의 《성공하는 사람들의 7가지 습관》, 앤서니 라빈스의 《네 안에 잠든 거인을 깨워라》 같은 책들이었다. 자기계발과 교육에 관한 것들이 대부분이었다.

난 전철을 타자마자 책을 꺼내 들었다. 갈 때도 읽고, 밤 10시에 끝나서 돌아올 때도 읽었다. 어떤 날은 책을 읽다가 내릴 역을 지나치기도 했다. 다음 역에서 허겁지겁 내려 반대 방향의 전철을 타고 오기도 했다. 인천으로 가는 마지막 전철을 겨우 잡아타서 안도의 한숨을 쉰 날도 있었다. 그런 날은 기분이 참 좋았다. 내가 정말 책에 푹 빠졌구나 싶어서 대견했다. 몰입에 대한 경험이 나를 아주 행복하게 했다. 전철 안이 그만큼 독서하기에 좋다는 반증이기도 하다.

우리나라는 전철 안에서 책 읽는 사람이 많지 않다. 오죽하면 몇 년 전 '전철에서 책 읽는 사람 찾기'라는 운동이 있었을까. 반면 이웃 나라 일본은 전철 안에서 책을 읽는 사람이 많다고 한다. 게다가 요즘 우리나라 사람들의 손에는 하나같이 스마트폰이 들려 있다. 스마트폰 대신 저마다 책이 들려 있었으면 하는 바람이다.

'북메트로'라는 캠페인이 있다. 젊은 사람들이 주최가 되어 만들어진 것인데 전철에서 집단으로 책을 읽자는 취지로 기획된 것이다. 현재 10개의 클럽이 운영되고 있는데 정해진 요일, 지역에서 함께 전철을 타서 책을 읽는다. 그리고 독서토론 모임도 갖는다. 이렇게 캠페인까지 해야 하나 하는 생각이 들기도 한다. 하지만 자연스럽게 분위기가 형성되지 않으면 인위적으로 책 읽는 분위기를 만드는 것도 하나의 방법이라 생각한다.

버스에서도 책을 읽을 수 있다. 버스는 전철에 비해 흔들림이 있어 시력에 좋지 않을 수도 있지만 독서를 하고자 하는 사람은 때와 장소를 가리지 않는 법이다.

나는 장거리를 갈 때, 항상 책을 챙긴다. 중간에 다 읽어 버릴 수도 있기에 두 권 이상 준비한다. 몇 년 전 부평에서 검단까지 1년 동안 시내버스로 출퇴근을 한 적이 있다. 아침 6시 30분 정도에 나와야 학교에 8시까지 도착할 수 있었다. 책을 읽을 수 있다는 생각에 버스를 타는 시간이 기다려지기도 했다.

마침 동료들과 2주 1회 독서모임을 하고 있었기에 읽어야 하는 책은 항상 있었다. 《감정코칭》, 《2015년, 빚더미가 몰려온다》, 《화폐전쟁》, 《트렌드 코리아》 같은 책을 읽으며 6명의 교사들이 모여 2시간 동안 토론을 했다. 각자 책을 하나씩 추천했고, 토론 진행은 그날의 도서를 추천한 사람이 맡았다.

고속버스나 시외버스 또는 관광버스를 타고 다닐 때도 책은 필수품이다. 학교에서 수학여행이나 체험학습을 갈 때는 거의 관광버스를 이용한다. 버스에 타면 학생들에게 안전교육을 한 뒤 안전벨트 착용을 확인한다. 이후에는 내 자리에서 책을 꺼내 읽기 시작한다. 주위에 앉은 학생들은 버스에서도 책을 읽느냐며 신기해한다. 나는 그들도 앞으로는 버스를 탈 때 책을 읽었으면 하는 바람이 샘솟는다.

버스 안에서는 한밤중에도 독서를 할 수 있다. 머리 위에 독서등이 설치되어 있기 때문이다. 독서등을 켜고 책을 읽으면 주위에 거의 피해를 주지 않는다. 쌔근쌔근 잠자는 학생들을 둘러보고 눈이 빨갛게 되도록 책을 읽는다. 오랜 시간 읽어서 눈이 피로하면 눈 마사지를 하거나 잠시 눈을 감고 있으면 회복된다. 나의 버스 여행은 책과 함께하기에 더욱 행복하다.

'온리원그룹'의 송조은 대표는 내가 강남으로 다녔던 독서대학원의 원장님으로, 지독한 독서광이다. 그는 집안 형편이 어려워 수산고등학교를 졸업하고 원양어선을 타게 되었다. 배에서 심심할 것 같아 책을 가지고 가서 엄청난 양의 독서를 했다. 몇 개월 만에 귀국하면 중고서점에 가서 마대자루 가득 책을 사서 다시 승선했다. 그러한 폭풍 독서의 영향으로 그의 뇌에 혁명이 일어났다. 책을 읽는 속도가 아주 빨라져서 속독이 가능해졌다. 수많은 책의 지식들이 뇌에서 융합되어 재구성되는 경험을 했다.

그는 자신의 경험을 다른 사람들에게도 전달하고 싶었다. 그래서 6개월 독서대학 프로그램을 만들고 독서교육을 했다. 부천에서 시작해 강남으로 옮기면서 몇 년 동안 그 프로그램을 통해 수많은 사람들에게 독서의 행복을 체험하게 했다. 또한 독서로만 진행되는 중·고등 대안학교를 만들어 운영하기도 했다. 6년의 교육과정을 독서와 글쓰기로만 구성해 학생들을 독서영재로 만들었다. 학생들이 독서를 통해 변해 가는 과정을 확인할 수가 있었다.

그 학생들과 독서기행을 다녀 온 적이 있다. 다산 정약용의 발자취를 찾아 강진, 해남을 갔다가 남양주에서 마무리하는 일정이었다. 일정은 2박 3일이었다. 참가자는 독서대학을 수료한 어른들과 대안학교 학생들이 반반이었다. 여정 중에 독서토론을 실시했다. 학생들이 얼마나 사고를 깊게 하는지 깜짝 놀랐다. 요약 능력, 창의력, 비판력을 골고루 갖추고 있었고, 토론 방식도 매우 논리적이었다. 책이 사람을 변화시킨다는 사실을 그때 확실하게 체험했다.

"독서하기에 좋은 장소는 어디인가요?"

많이 듣는 질문이지만 정해진 답은 없다. 내가 책을 들고 읽을 수 있는 장소면 된다. 기차나 전철도 독서하기에 딱 좋은 곳이다. 버스도 독서하기에 적절한 장소다. 사실 나는 걸으면서도 독서를 한다. 이렇게 보면 대중교통으로 출퇴근을 한다는 것은 책 읽기 딱 좋은 장소를 가진 셈이다.

03

나만의 공간을
찾아 떠나는 카페 독서법

+ − × ÷

기회를 기다리는 것은 바보짓이다.
독서의 시간이라는 것은 지금 이 시간이지 결코 이제부터가 아니다.
오늘 읽을 수 있는 책을 내일로 넘기지 말라.
- H. 잭슨 -

"당신에게 스타벅스 커피 선물이 도착했습니다."

문자를 확인했다. 〈한책협〉의 김태광 대표 코치가 보낸 선물이
다. 바로 스타벅스로 향한다. 커피를 주문하고 한적한 자리를 찾아
앉는다. 가방에서 책을 꺼내 읽기 시작한다. 노트북을 꺼내 글을
쓰기도 한다. 주위를 둘러본다. 테이블마다 혼자 공부하거나 책을
읽는 사람들이 있다. 두세 명, 또는 그룹으로 스터디를 하거나 토론
을 하는 모습이 눈에 띈다. 참 흐뭇한 광경이다.

독서토론이나 모임 같은 것을 할 때 이용할 수 있는 카페도 있
다. 의무적으로 1인당 한 잔을 주문해야 하거나, 시간당 비용을 받

는 곳도 있다. 다른 사람들과 그룹으로 독서토론을 하기에 알맞은 장소라고 볼 수 있다.

내가 사는 단양에는 대형 카페가 없다. 독서를 하기에는 동네 카페도 좋은 장소다. 단양의 시외버스터미널과 연결된 다누리센터 4층에는 스카이라운지 커피숍이 있다. 3면이 유리로 되어 있다. 커피를 마시며 창밖을 내다본다. 시퍼런 남한강과 주홍색 고수대교가 대비되어 한눈에 들어온다. 또한 강 건너 있는 짙푸른 양백산에서 패러글라이딩을 즐기는 사람들의 모습이 보인다. 그 황홀한 경관에 시선을 빼앗기지 않을 수가 없다.

그 아름다운 공간에서 나는 책을 펴고 독서를 한다. 평일에는 손님도 별로 없어 하루 종일 있어도 눈치를 주지 않는다. 독서에 너무 몰두해 눈이 피로하면 고개를 들어 창문 밖으로 시선을 돌린다. 힐링을 한 후 다시 시선을 책으로 향한다. 식사 때가 되어 시장기가 돌면 커피숍에서 쿠키나 구운 계란을 사 먹을 수도 있다. 다만, 주말이나 저녁에 손님이 많을 때는 자리를 비켜 주는 것이 에티켓이다.

최근 몇 년 동안 우리나라에는 카페 열풍이 불고 있다. 카페가 너무 많아 장사가 되고 안 되고는 나의 관심사가 아니다. 독서할 공간이 여기저기 널려 있다는 것이 중요하다. 시내 중심가부터 한적한 야외뿐만 아니라 깊은 산속의 산사에도 카페가 있다. 이제 장소가 없어서 독서를 못 한다는 것은 명백한 핑계일 뿐이다. 전국 곳곳에 들어선 카페를 찾아 커피 한 잔 값만 장소비로 지불하면 몇 시간 동안 책을 읽을 수 있다. 독서모임을 하면서 토론할 장소가 필요할 때도 카페는 최적의 장소다.

카페에서 글을 써 성공한 사람이 있다. 바로 《해리 포터》 시리즈를 쓴 작가 조앤 K. 롤링이다. 그녀는 다발성 경화증을 앓던 어머니가 사망하자 충격에 빠졌다. 삶의 돌파구를 찾아 포르투갈로 가서 영어교사를 하다 남편을 만나 결혼했다. 1년 뒤 성격과 가치관의 차이로 남편과 별거하게 되면서 어린 딸을 데리고 영국으로 돌아왔다. 동생이 사는 스코틀랜드 에든버러로 가 주위의 도움으로 정착했다. 그녀는 그때가 인생에서 가장 힘든 시기였다고 말했다. 하지만 포기하지 않고 취업을 위해 석사 학위과정을 밟으며 아이를 돌봤고, 틈틈이 써 오던 소설 집필에 전념했다. 구상 후 5년 만에 《해리 포터》의 첫 원고가 완성되었다. 처음에는 모든 출판사에서 거절당했다. 그러다 비교적 소규모인 블룸즈버리 출판사와 다행히 계약을 맺고 선인세는 겨우 200만 원을 받았다. 소설은 출간되자마자 전 세계적으로 엄청난 인기를 얻었으며, 영화화되면서 그녀는 영국의 대부호 명단에 이름을 올렸다.

그녀는 하버드 대학의 졸업 축사에서 이렇게 말했다.

"해피포터 성공 이전에는 이 어두운 터널의 끝이 어디인지, 얼마나 오랫동안 어두운 삶이 계속될지 알 수가 없었습니다. 터널 끝에서 빛을 보게 되는 것은 그저 희망사항일 뿐, 현실에서는 끝내 벗어날 수 없을 것 같았습니다. 저는 실패한 제 자신을 그대로 받아들이면서, 제가 가진 모든 열정을 가장 소중한 한 가지에 쏟아붓기 시작했습니다. 제가 소설 이외에 다른 것에 작은 성공을 했었더라면 제가 진심으로 원했던 일에서 성공하겠다는 굳은 의지를 다지지 못했을 것입니다. 그토록 두려워했던 실패를 경험했기 때문에 마침내 실패에 대한 두려움으로부터 자유로워졌습니다. 그런 엄청난 실패를 겪고도 저는 여전히 살아 숨 쉬고 있었고, 제 목숨보다 소중한 딸이 곁에 있었고, 낡은 타자기 한 대와 아직 쓰지 못한 소설에 대한 꿈도 남아 있었습니다."

생각해 보자. 그 어려운 상황에서 번듯한 집필실이 있었겠는가? 그녀가 《해리 포터》라는 대작을 집필한 장소가 어디일 것 같은가? 바로 카페다. 그녀는 딸을 태운 유아차를 끌고 나와 집 근처 카페에서 원고를 썼다. 스코틀랜드 에든버러 지역의 카페 '엘리펀트 하우스'에는 '해리 포터의 탄생지'라 쓰여 있다.

그렇다. 조앤 K. 롤링에게 동네 카페는 창작의 산실이었다. 좁고 음습한 집을 나와 딸을 유모차에 태우고 카페로 걸어가는 그녀의 모습을 상상해 보자. 오로지 소설을 쓰겠다는 집념이 불타고 있었다는 것을 짐작할 수 있다. 그녀는 완전한 실패 후에 자신이 좋아하는 일에 목숨을 걸었다. 그 집념이 오늘날의 성공신화를 가져 온 것이다.

　내가 책 쓰기를 배운 〈한책협〉에는 지성희 작가가 있다. 그녀는 책 쓰기 7주 과정이 다 끝나기도 전에 원고를 완성하고 출판사와 계약했다. 그 비결을 물었다.

　"저는 목차가 완성된 후 목차마다 쓸 내용을 3가지씩 정리했어요. 그리고 노트북과 참고도서를 잔뜩 싸 들고 카페로 향했지요. 그곳에서 하루 종일 원고를 써 내려갔어요. 집필을 시작한 지 단 10일 만에 원고를 마칠 수 있었어요."

　집안 살림은 어떻게 했냐고 물었다.

　"남편이 집안 살림과 육아를 전담했어요. 고마울 뿐이죠."

　조앤 K. 롤링, 지성희 작가에게 카페는 창작의 비밀 아지트였다. 우리 주위에 널려 있는 카페가 이렇게 중요한 장소였다. 아직도 카페를 시시콜콜 수다만 떠는 공간으로 여기고 있지 않은가. 생각을 바꿔야 한다. 카페가 책이 탄생하는 장소라면 그곳에서 독서를 하는 것은 훨씬 더 쉬운 일일 것이다.

　지금 당장 실행하자. 가방에 책을 넣고 카페로 출근하는 것이다. 책을 읽다가 메모하고 싶은 내용이 있을 수도 있으니 노트와 필기구, 혹은 노트북을 챙기는 것도 좋을 것이다. 직장인이라면 퇴근하고 카페로 가자. 매일 두세 시간 독서에 투자해 보자. 몇 개월, 길면 몇 년 안에 당신의 생각은 바뀔 것이다. 책에서 발견한 창의적인 방법으로 창업을 하거나 아이템을 개발해 성공할 수도 있다. 전문 분야의 공부를 해 더 좋은 직장으로 이직을 할 수도 있다.

지금 당장 집 주위의 카페를 탐색해 보자. 학습자들을 위한 카페, 오래 있어도 폐가 되지 않을 카페를 찾아 찜하자. 내일부터 그곳을 집처럼 여기고 단골이 되어 보자. 언젠가 그 카페에 롤링처럼 당신을 위한 현판이 걸릴지도 모르는 일이다.

04

완전한 독서를 지향하는
모임 독서법

＋ － × ÷

얼굴이 잘생기고 못생긴 것은 운명 탓이나,
독서나 독서의 힘은 노력으로 갖출 수 있다.
－ 윌리엄 셰익스피어 －

'혼밥', '혼술', '혼행'이라는 말이 유행이다. 혼자 밥을 먹고, 혼자
술을 마시고, 혼자 여행을 간다는 표현이다. '혼독'도 있다. 혼자 독
서하는 것이다. 나의 독서 이력도 80% 정도는 혼독이었다. 그래도
나는 독서모임을 했던 경험이 여러 번 있다.

독서모임에 처음 갔던 것은 8년 전 이지성 작가의 팬카페 '폴레
폴레'에 가입하면서다. 폴레폴레에서는 이지성 작가와 팬미팅을 하
기도 했다. 작가의 강연을 듣고, 앞으로 나아갈 비전들에 대해서 발
표를 했다. 이 작가는 당시 캄보디아, 필리핀, 아프리카와 같은 곳에
우물 파기, 빵 공장 짓기를 지원했다. 또한 기부단체인 기아대책과
함께 해외 빈민가 지원 사업을 하고 있었다. 또한 서울의 달동네를

찾아 공부방 독서 지도 봉사활동을 했다. 책을 읽고, 책을 써서 성공자가 된 작가가 기부에 앞장 서는 것을 보고 큰 감동을 받았다.

그곳에서 만난 사람들끼리 정기적으로 독서모임을 했다. 2주 1회 종로의 카페에 모여 독서토론을 했다. 모임은 몇 개월 동안 진행되었고 그곳에서 인연을 맺은 사람들과 지금도 연락을 하고 있다.

그 당시 인천 독서모임에 참석했는데 이 모임 역시 폴레폴레에서 알게 되었다. 모임은 인천 관교동 어느 카페에서 매주 토요일 오후에 진행되었다. 각자 자기소개를 하는데 한 여자 회원의 소개 내용이 충격이었다. 초등교사이면서 미혼인데 최근 암 진단을 받았다는 것이다. 나보다 몇 살 더 많았다. 그래서 그런가 얼굴도 매우 어두웠다. 남의 일 같지 않았다. 우리 엄마가 돌아가신 지 4개월 정도 지났을 때였기 때문이다. 난 며칠 뒤 그 회원에게 내가 가지고 있던 암 관련 책들을 갖다 주었다. 내가 엄마의 치료를 위해 읽었던 책의 내용을 전해주면서 잘 이겨낼 것을 간곡히 당부했다. 다행히 그 회원은 긍정적인 마인드로 바꾸어 수술하고 치료하면서 지금까지 연락을 해 오고 있다.

인천 독서모임은 주부, 직장인, 청년 등 구성원이 다양했다. 다들 바쁜 일상 가운데 부지런히 책을 읽고 토론 준비를 해 왔다. 주로 자신의 소감을 나누는 방식으로 진행되었다. 같은 책을 읽고도 사람마다 그 감동과 깨달음이 다르다는 것을 알게 되었다.

내가 참석했던 또 다른 독서모임은 '나비독서모임'이었다. 장소는 강남에 있는 3P 자기경영연구소다. 시간은 매주 토요일 아침 6시 40분부터 9시까지다. 3P는 강규형 대표가 바인더를 제작하고, 스케줄 관리 교육을 진행한다. 그 후 바인더 사용자들을 대상으로 독서모임이 진행된다. 한 주는 선정 도서로, 한 주는 자유 도서로 진행된다. 독서토론은 박상배 작가의 '본깨적' 방식으로 진행된다. '본깨적'은 '본 것, 깨달은 것, 적용할 것'의 준말이다. 각자 책을 읽으면서 본깨적을 정리해 독서토론을 할 때 돌아가면서 발표하는 방식이다. 이 방법은 책을 정독하게 하는 효과가 있고, 책을 읽으면 적용 거리를 찾아 실천하도록 독려하는 것이 특징이다.

학교에서 동료 교사들과 1년 동안 독서모임을 한 적도 있다. 6명의 동료교사들이 모여 각자 책을 추천했다. 모임 때마다 토론할 도서를 추천한 사람이 그날 진행을 했다. 각자 관심 있는 분야에 대해 책을 추천하고 독서토론을 하니 독서의 폭이 넓어졌다.

고등학교에 근무하면서 학생들과 함께 독서모임을 진행한 적이 있다. 희망자들을 대상으로 바인더 작성법에 대해 지도를 한 후 독서모임으로 이어갔다. 매주 금요일 아침 7시 40분부터 한 시간 동안 학교 도서관에서 모임을 진행했다. 그룹별로 모여서 본깨적의 방법으로 토론을 하는 학생들이 대견했다. 독서토론은 21세기 인재들이 갖춰야 할 역량을 키워 주는 최선의 방법이다. 핵심역량은 '4C'라고도 하는데, 의사소통(communication), 창의력(creativity), 비판력(critical power), 협업능력(cooperation)이다. 독서토론을 하면 이

네 가지 역량이 길러지는 것은 당연한 일이다.

혼자 하는 독서에는 몇 가지 단점이 있다. 우선, 책 내용이 어렵거나 의문점이 생길 수 있다. 국어 전공인 내가 과학 분야의 독서를 하는 경우다. 그럴 때 다른 책을 찾아볼 수도 있지만 혼자 해결하기 어려운 점이 많다.

둘째, 책을 읽고 받은 감동이 제한적이다. '같은 책, 다른 느낌'이란 말처럼 똑같은 책을 읽고도 읽은 사람마다 느낌이나 깨달음이 다 다르다. 각자의 배경지식이 다른 것이 가장 큰 원인이다. 사람들은 경험이나 지식이 다 다르기에 같은 책을 읽어도 아웃풋이 다르다. 각자 자신이 가지고 있는 틀에 맞게 내용을 받아들이기 때문이다.

셋째, 책 읽기에 대한 의지가 약해진다. 혼자 독서를 하면 읽어도 되고 안 읽어도 된다. 오늘 읽어도 되고, 내일 읽어도 된다. 그러면 그 책을 꼭 읽겠다는 결심이 약해진다. 책장에 들춰보지도 않은 책, 읽다가 만 책들이 즐비한 이유다.

넷째, 분야의 폭이 좁다. 사람들은 책을 고를 때 주로 자신이 관심 있는 분야의 책을 선택한다. 생판 모르는 분야의 책은 거들떠보지도 않는다. 그러나 편독하지 말고 다양한 분야의 책을 읽는 것이 좋다. 우리가 살아가는 세상에 대한 이해를 하려면 편향된 사상이나 시각으로는 불가능하기 때문이다.

이런 혼독의 문제점을 해결하려면 어떻게 해야 할까? 독서모임을 하면 된다. 독서모임의 장점을 네 가지로 정리해 보았다.

첫째, 내용이 어렵거나 의문이 생기면 해결 가능하다. 그래서 독서모임은 다양한 전공 분야의 사람들이 하는 것이 좋다. 인문 분야와 자연과학 분야의 사람들이 함께하면 전문 지식의 의문은 바로 해결할 수 있다. 다양한 직업을 가진 사람들이 함께하는 것도 권할 만하다. 다양한 직업 분야의 책을 읽고 토론을 하다 보면 자신과 다른 직업 세계에 대해 보다 쉽게 이해할 수 있다.

둘째, 다양한 감동이나 깨달음을 나눌 수 있다. 같은 책을 읽고 독서토론을 하다 보면 내가 미처 발견하지 못한 내용이나 깨달음에 대해 이야기하는 사람들이 있다. 사람들의 의견이 다양할수록 독서 효과가 크다.

셋째, 책 읽기에 대한 의무감이 강해진다. 독서토론을 위해 책을 읽게 되면 반드시 읽어야 한다. 읽지 않으면 토론에 참여할 수 없기 때문이다. 나도 독서모임을 할 때 바쁘다는 핑계로 책을 읽지 못하고 간 적이 있다. 꿀 먹은 벙어리가 따로 없었다. 다른 사람들의 의견을 들어도 책 내용을 모르기에 그 효과가 반감된다.

넷째, 다양한 분야의 책을 읽을 수 있다. 참석자들이 각자 책을 추천한다면 추천자의 전공이나 취미, 적성에 따라 여러 분야의 책이 선정된다. 혼자라면 절대 읽지 않을 책들도 모임을 하면 접하게 된다. 예전에 학교에서 독서모임을 할 때, 나는 주로 독서 분야의 책을 추천했다. 어떤 동료는 상담이나 감정에 대한 책을 추천했다. 다른 교사는 '디지털뱅크'라는 생소한 책을 추천했다. 두껍고 페이지가 많고 어려워 보였다. 책을 읽고 나서 금융 분야의 변화에 대한 책이라는 걸 알게 되었다. 돈이나 금융은 모든 사람들의 일상에서 떼려야 뗄 수 없는 밀접한 관계가 있다. 추천한 교사의 설명을 듣고 나니 책 내용이 쉽게 이해되었다. 참석자들은 금융 분야의 변화에 대해 대비를 해야겠다는 생각을 하게 되었다.

독서모임의 장점은 이렇게 많다. 지금 독서모임을 하고 있다면 지속적으로 해 나갈 것을 권한다. 아직 독서모임을 하고 있지 않다면 지역을 중심으로 찾아보기를 권한다. 혼독이 불완전 독서라면, 독서모임은 완전한 독서를 지향한다. 독서모임을 통해 완전 독서에 도전해 보자.

05

돈 없어도 할 수 있는
도서관 독서법

+ − × ÷

오늘의 나를 있게 한 것은 우리 마을 도서관이었다.
하버드 졸업장보다 소중한 것이 독서하는 습관이다.
− 빌 게이츠 −

사람들은 주말이 되면 어디로 갈까? 주말이면 등산객을 태운 관광버스가 줄지어 이동한다. 어떤 사람들은 골프장을 찾아 시원한 공기를 마시면서 멋진 샷을 날리기도 한다. 다른 사람들은 아울렛, 백화점, 마트를 찾아 쇼핑을 즐기기도 한다. 전국의 관광지나 맛집에는 또 얼마나 많은 사람들이 몰려가는가. 이처럼 많은 사람들이 시간이 나면 다양한 취미활동을 한다.

난 도서관에 간다. 방학이나 주말이 되면 도서관을 가는 게 취미다. 이런 취미생활을 한 지 20년 정도 되었다. 책에 대한 관심을 갖고 독서를 해 보니 깨달은 것이 있다. 책을 많이 읽은 사람들이 인생에서 성공하고, 행복하게 산다는 것이다. 나도 성공하고 싶어서, 행복하게 살고 싶어서 도서관에 가기 시작했다.

또한 읽고 싶은 책을 다 사서 읽기에는 돈이 너무 많이 들기 때문에 도서관에 가는 것도 있다. 도서관에는 오래된 도서부터 신간 도서까지 방대한 양의 책이 있다. 책을 살 돈이 없어서 독서를 못한다는 것은 핑계에 불과하다.

인천 부평에 살 때는 공공도서관에 자주 갔다. 그러던 어느 날, 집에서 300미터 되는 거리에 '작은도서관'이 생겼다. 전국적으로 도심 안에 '작은도서관', '마을도서관'이 생기는 붐이 일었다. 규모는 공공도서관보다 작았지만, 아담하고 집에서 가까워서 수시로 찾아갈 수 있어 아주 편리했다.

내가 편하게 이용했던 도서관이 또 있다. 아파트 단지 내에 있는 공부방 형식의 도서관이다. 동사무소 3층에 마련된 아주 작은 도서관으로 아파트 주민들이나 학생들이 주로 이용했다. 관리 및 대출도 주민들의 봉사활동으로 이루어졌다. 한 칸밖에 안 되는 작은 공간이지만 책은 수천 권 있었고, 웬만한 양서나 신간들을 갖추고 있었다. 그곳은 생각보다 이용하는 사람들이 적어 공부를 하거나, 책을 빌리기에 좋은 장소였다.

요즘은 단양 다누리도서관에 간다. 이 도서관은 단양읍내의 강변에 위치해 있다. 접근성이 좋아 유아들부터 퇴직한 어르신까지 다양하게 이용하고 있다. 이곳은 내부 인테리어도 밝고 환한 가구와 물품들을 배치해 아름답고 아늑한 분위기를 연출한다. 한번 왔던 사람은 자연스레 또 찾고 싶은 생각이 들게 한다. 단양에는 역사가 더 오래된 다른 공공도서관이 있다. 하지만 읍에서 떨어져 있고, 산자락에 있어 찾아가기가 불편하다. 그래서 거의 찾아가지 않는다. 도서관도 접근성이 중요하다는 것을 알 수 있다.

나는 학교 도서관도 자주 간다. 국어 교사라 도서관 업무를 여러 해 맡았다. 학교 도서관의 대출·반납 활동, 도서 구입 업무를 담당했다. 해마다 학기 초가 되면 학생들과 교직원들에게 신청을 받아 도서를 구입했다. 교육과 관련된 도서가 가장 많은 비중을 차지하지만, 베스트셀러나 특이 장르 도서들도 구입한다. 난 업무담당자라 도서관에 있는 책들을 대충 알기에 수시로 빌려 읽었다.

요즘은 학교 도서관을 공공기관의 개념으로 본다. 때문에 대출 대상을 학생뿐만 아니라 학부모와 지역 주민들까지 확대하는 학교가 많다. 예전에 내가 근무했던 학교에서도 지역 주민들에게 도서관을 개방했다. 다만 홍보가 부족해 지역 주민들이 잘 모른다. 그래서 아는 사람들만 자주 반복적으로 대출을 한다. 좋은 책들이 많아서 고맙다고 인사하는 주민들도 여럿 있었다.

도서관에서 독서를 하면 좋은 점이 몇 가지 있다.

첫째, 돈이 없어도 거대한 서가를 소유할 수 있다. 집에 서재를 만들고 책을 사방으로 쌓으면 몇 권이나 가능할까? 몇천 권도 안 될 것이다. 인천 북구도서관은 장서가 32만 권이다. 단양 다누리도서관도 장서가 10만 권 가까이 된다. 돈 한 푼 안 들이고 이렇게 방대한 책을 소유할 수 있는 것인데, 도서관을 안 가는 것은 엄청난 손해다. 또한 수십 개의 신문을 보고 세상 돌아가는 상황을 알 수도 있다. 수십 종의 잡지를 보고 전문 분야의 지식이나 트렌드를 파악할 수 있고, 좋아하는 분야의 잡지를 꾸준히 볼 수 있다. 이 모든 것을 소유하기 위해 단 1원도 낼 필요가 없다.

'희망도서, 서점에서 바로 대출 서비스'라는 것이 있다. 보고 싶은 책이 도서관에 없는가? 회원이라면 누구나 지정 서점에서 주문 및 대출을 할 수 있다. 다 읽은 후에 도서관으로 반납하면 된다. 이런 좋은 제도를 알고 있는 사람이 적다. 알고 있어도 귀찮아서 이용하지 않는 경우도 있다. 유익한 제도이니 귀찮아도 적극적으로 이용해 볼 필요가 있다.

둘째, 독서 분위기가 형성된다. 사실 정말 편하고, 쉽게 거할 수 있는 곳은 집이다. 어떤 사람들은 집에서 독서하고, 공부도 하고, 일을 하기도 한다. 난 그들이 참 부럽기도 하지만 그 효율성에 의문을 갖는다. 난 공부라는 것을 처음 했던 중학교 시절부터 집에서는 잘 안 되는 경험을 했다. 집에서 하면 이동하는 시간도 줄이고, 식사 시간도 줄일 수 있다. 그럼에도 집중이 안 되는 이유가 뭘까.

집의 주된 역할은 휴식 장소 제공이다. 가족과 함께 편안하게 대화하고 소통하며 식사하는 곳이다. 세수를 하지 않아도 되고, 옷을 아무렇게나 입어도 된다. 집은 안락함의 대명사다. 그래서 긴장과 집중이 필요한 독서나 공부를 하기에는 마땅치 않은 것이다.

도서관은 긴장과 집중을 할 수 있는 곳이다. 자료실은 사방 책으로 둘러싸여 있고, 열람실은 독서실 분위기를 내는 책상들이 즐비하다. 공공장소이므로 집에서처럼 내가 하고 싶은 대로 편한 행동을 할 수 없다. 돌보아야 할 가족들도 없다. 온전히 책과 마주할 수 있다.

셋째, 비용이 거의 들지 않는다. 집에서 가까운 곳은 걸어가니 차비가 들지 않는다. 점심값만 들고 가면 된다. 가끔 집에서 과일이나 간단한 도시락을 싸 가지고 가기도 한다. 딸이랑 구내식당에 가서 먹기도 하는데 소풍 기분이 난다. 커피도 집에서 타서 담아 가지고 간다. 근처에 맛집도 많다. 딸들과 책을 읽다가 출출해지면 밖으로 나가 비빔밥이나 국수 같은 음식을 사 먹으면 훌륭한 주말 외식이 된다.

넷째, 냉방과 난방이 잘된다. 여름에는 더위를 피하고, 겨울에는 추위를 피하기 좋다. 그러면서 지식도 쌓을 수 있으니 그야말로 일거양득이다.

다섯째, 시설이 편리하다. 내가 아는 지인은 자녀들이 게임에 빠질까 봐 집에 컴퓨터를 들이지 않았다. 대신 도서관이 아파트 바로 앞에 있어서 그곳의 컴퓨터실을 이용한다. 노트북을 가지고 간다면 코드를 꽂아 사용할 수 있는 시설도 다 되어 있다. 와이파이도 제공된다.

여섯째, 다양한 프로그램을 학기별, 분기별로 운영한다. 유아 대상 독서프로그램, 동화 구연, 연극, 뮤지컬 같은 프로그램 등이다. 초등학생부터 고등학생을 대상으로 한 학습이나 독서프로그램도 있다. 작년 여름방학, 다누리도서관에서는 중·고등학생을 대상으로 대학 탐방을 실시하기도 했다. 성인들을 위한 독서모임, 어르신들을 위한 검정고시 프로그램, 한자 배우기 프로그램도 운영한다. 연중 운영되고 있는 도서관 프로그램을 활용하면 자녀교육도 잘할 수 있다. 어른들은 알찬 취미활동을 할 수도 있다. 재능이 있는 사람은 프로그램 강사로 일을 하고 수입을 얻을 수도 있다.

아직도 책 읽을 장소가 없다고 핑계를 대는가? 책 살 돈이 없다고 변명도 하는가? 당장 주위의 도서관을 찾아가자. 낯선 곳에 있는가? 인터넷에서 도서관을 검색하면 지역 도서관이 다 나온다. 단기간 머물 거라면 가장 가까운 곳으로 가 보자. 장기간 살 거라면 모든 도서관을 순례해 보자. 다 돌아보고 난 뒤 마음에 드는 곳을 골라 자주 이용해 보자. 가끔 그곳이 쉬는 날이거나 지루하게 느껴지면 다른 도서관에 가면 된다.

06

미친 듯이 읽어내는
마구 독서법

＋ － × ÷

사람은 음식물로 체력을 배양하고,
독서로 정신력을 배양한다.
－ 아르투르 쇼펜하우어 －

난 영화를 많이 못 본다. 아니, 안 본다는 말이 맞을 것이다. 1년에 5편 이내로 볼 때도 있다. 지금 사는 곳이 영화관도 없는 시골이라 그렇기도 하다. 영화를 보러 나가려면 한 시간 정도 걸린다. 평일에는 학교에서 업무가 많고 운동도 해야 한다. 주말이라도 이것저것 분주하다.

인천에 살 때는 1년 월 1회 정도 영화관을 찾았다. 딸들이 같이 영화를 보러 가자고 해서였다. 집에서 승용차로 20분 거리에 영화관이 세 곳이나 있지만 자주 가지 않았다. 명절에 고향에 내려가지 않아 심심할 때 가긴 했었다. 막상 영화가 시작되면 그렇게 재미있고 감동적인데 영화관까지 가기가 쉽지 않았다.

결론적으로 보면 나는 영화를 그다지 좋아하지 않는 것이다. 영화관 가는 것을 큰 연례행사로 여긴다. 명절이나 주말에 TV에서 영화를 방송해 줘도 잘 안 본다. 드라마는 보기 시작하면 본방 사수까지 하면서 영화에는 눈길이 가지 않는다. 때문에 난 영화를 고를 때 무조건 관객 수가 가장 많은 것을 고른다. 그래야 내 선택에 대한 실패 확률이 적어지기 때문이다.

미국 영화는 스케일이 크거나 웃음이 있거나 내용이 감동적이면 흥행이 된다고 한다. 하지만 내가 좋아하는 영화는 감동이 있고, 시나리오도 탄탄해야 하고, 웃음도 있어야 한다. 한국 사람들이 영화를 선택할 때 그렇게 욕심을 부린다고 하더니 나도 그런 한국 사람이다.

어렸을 적 우리 집에는 책이 별로 없었다. 가끔 친구네 집이나 친척집에 갔을 때 책이 많으면 부러웠다. 인사를 하고 나면 바로 책장이 있는 방으로 가서 책을 꺼내 읽었다.

"넌 다른 아이들과는 좀 다르다. 책을 참 좋아하네."

고모가 책에 파묻혀 있는 나에게 하셨던 말씀이다. 난 그곳에 있는 시간이 한정적이었기에 마음이 조급했다. 그 집을 떠나기 전까지 다 읽어야 했다. 친구 집에 가서는 가끔 책을 빌려오기도 했다. 그런 상황에서는 책의 종류나 제목을 고를 수가 없었다. 닥치는 대로, 손에 잡히는 대로 읽어 버리는 것이 중요했다.

"책 읽는 게 힘들어요. 무슨 책을 읽어야 할지 모르겠어요."

가끔 학생들이나 주변 사람들에게 듣는 말이다. 나는 그때 아무 책이나 읽으라고 한다. 이것저것 가리다가는 책을 고르는 데 시간이 다 간다. 집에 있는 책장에서, 도서관에서, 서점에서 제목을 보고, 책의 앞뒤를 훑어보고 끌리는 것을 읽으면 된다. 읽다가 마음에 와 닿는 내용이 있으면 사진을 찍거나 메모를 한다. 그 후기를 블로그나 카페에 올리기도 한다.

난 아무 책이나 읽더라도 실패율을 낮추려면 영화를 고를 때처럼 베스트셀러를 고르라고 권한다. 많은 사람들이 그 책을 읽었다는 것은 그만큼 사람들에게 재미를 주고, 입소문이 났기 때문이다. 독서에 흥미를 느껴야 하는 초보 독자는 재미가 우선이다.

평소 책을 안 읽다가 읽기 시작하면 심적 부담이 된다. 독서라고 하면 무언가 그럴듯하고, 수준 있는 걸 읽어야 할 것만 같은 부담이 온다. 그런 사람에게 인문학이나 역사, 과학 분야를 권하면 안된다. 조금 읽다가 어려워서 이해가 되지 않으면 '독서는 역시 나랑 안 맞나 보다'라고 생각하고 포기할 수도 있다. 그렇게 책을 놓게 되면 다시 잡기가 어렵다.

나도 처음에 독서에 입문할 때 베스트셀러부터 접근했다. 책을 읽긴 해야겠는데 무슨 책을 읽어야 할지 고민이 되었다. 인터넷 서점에서 베스트셀러 종합순위를 봤다. 10위 안에 있는 책들을 선택해 읽었다. 소설이든 자기계발서든 재밌고 감동이 있었다. 그때부터 책 읽기에 대한 흥미를 느꼈다.

　요즘은 문유석 판사가 쓴 《쾌락독서》를 읽고 있다. 보통 자신의 독서이력을 쓸 때 '내 인생의 책' 같은 무거운 표현을 쓴다. 하지만 저자는 자신이 학창시절부터 재미있게 읽은 책들을 소개하고 있다. 특히 만화나 판타지 소설을 소개하는 것이 인상적이다. 저자는 황미나의 《굿바이 미스터 블랙》을 추천한다. 그 만화는 나도 고등학교 때 흥미 있게 읽었던 것이다. 친구가 추천해서 읽었는데, 검은 긴 머리의 남자 주인공이 너무 멋져서 밤잠을 설친 기억이 있다. 만화도 이렇게 슬프고 아름다울 수 있구나 하는 생각을 했었다. 다음 권이 나올 때까지 초조하게 기다렸다. 학교가 끝나면 만화방에 들러 주인아주머니께 책이 나오면 바로 연락해 달라고 했을 정도였다.
　《쾌락독서》에서는 그 외에도 근엄한 판사가 읽었을 것 같지 않은 책들을 소개하고 있다. 《슬램덩크》 같은 만화와 시드니 셸던의 추리소설, 무라카미 하루키의 소설 등이 그것들이다. 비교적 쉽고 재미있는 책들이다. 우리는 권장도서목록이나 추천도서목록 등으로 읽어야 할 책을 강요받는다. 내용이 아무리 유익하고 지식이 풍부해도 잘 읽히지 않으면 무슨 소용이 있는가? 펼치면 잠부터 쏟아지는 책이 나에게 주는 의미는 있을까?
　나도 고등학교 때 만화책과 로맨스 소설을 정말 좋아했다. 정기고사나 모의고사가 끝나는 날이면 꼭 만화방에 갔다. 만화책을

20~30권씩 한 번에 빌려 탑을 쌓아놓고 하나씩 읽어가는 맛은 세상을 다 얻은 기분이었다. 동생들도 만화 독서에 동참했다. 로맨스 소설은 또 얼마나 마약 같은 중독성이 있는가. 멋지고 잘생긴 남자 주인공을 보면서 난 어느새 여자 주인공이 되어 있었다. 예쁘고 섹시한 여자 주인공을 나라고 생각하며 나도 어른이 되면 돈 많고 잘생기고 키 큰 남자를 만날 거라 생각했다.

요즘 학교 도서관에서 가장 인기 있는 책이 무엇인지 아는가? 바로 만화책이다. 2순위는 판타지 소설이다. 학생들은 쉬는 시간, 식사 시간만 되면 도서관으로 달려온다. 읽다 만 만화책이나 판타지 소설을 읽기 위해서다. 자신이 읽다 덮은 책을 다음에 또 읽기 위해 책장 높은 곳이나 남들 눈에 띄지 않는 곳에 숨겨 놓는 친구들도 있다.

나는 학생들이 여유 시간에 만화나 판타지 소설, 무협지를 읽는 것을 말리지 않는다. 그 시기에 당연한 행동이기 때문이다. 중·고등학교 시절에 그런 책들에 푹 빠져 봐야 다른 책으로도 관심이 옮겨간다. 학창시절 도서관에 자주 가고, 어떤 책이든 많이 읽어 봐야 어른이 되어서도 책과 가까이 하게 된다. 책을 읽는 습관을 정착시키는 것이 중요하다는 말이다.

아직도 책을 읽을까 말까 망설이는가? 당장 재미있는 책부터 읽기를 권한다. 베스트셀러도 좋고, 글씨가 적고 그림이 많은 책도 괜

찮다. 만화, 판타지 소설, 무협지를 학창시절에 읽지 않았다면 뒤늦게 그것들을 읽어 보는 것도 권한다. 일단은 책 읽기의 즐거움을 느끼는 것이 중요하다. '책' 하면 떠오르는 즐거운 느낌, 행복감 등의 감정을 맛보기를 바란다. 이후에는 자연스레 당신의 손에 책이 들려 있을 것이다.

07

10권으로 시작하는
북테크

$$+ - \times \div$$

단 한 권의 책밖에 읽은 적이 없는 인간을 경계하라.
— 벤저민 디즈레일리 —

"공부를 왜 하는가?"

"직장은 왜 다니는가?"

가장 그럴듯한 대답은 꿈을 이루기 위해서, 또는 자아실현을 위해서라는 것이다. 멋지게 포장된 표현의 이면에 사실은 '돈을 벌기 위해서', '잘 먹고 잘 살기 위해서'라는 대답이 숨어 있지 않은가.

그러면 "책은 왜 읽는가?"라는 질문에 대한 답도 비슷하지 않을까? 우리가 책을 열심히 읽는 이유도 '보다 잘 살기 위해서'다. 그래서 나온 말이 '북테크'다. 책을 읽고 돈을 벌고 독서로 부자가 되는 것이다. 그 방법을 소개한다.

첫째, 의식을 개선하는 독서를 해야 한다. 나의 현재는 과거 생각의 결과다. 지금 내가 생각하는 대로 나의 미래가 만들어진다.

난 10여 년간 도전하는 일마다 실패했다. 시도하는 것마다 결과가 안 좋았다. 결국 나 스스로를 의심하게 되었다. 나는 안 되는 사람이라는 생각이 들었다. 자존감이 바닥을 쳤다. 엄마를 보내드릴 땐 다 내 잘못 같았다. 내가 능력이 되었다면 엄마가 치료에 전념할 수 있는 환경이 되었을 텐데. 그 치료원에서 병원비를 내고 더 계셨으면 좋았을 텐데.

엄마가 돌아가시고 4년째가 되던 해였다. 대체 나는 왜 점점 나빠지기만 하는지 좌절감이 들었다. 앞으로도 헤쳐 나갈 길이 안 보였다. 어느 날 선배 교사가 사주를 보고 왔다고 했다. 집안에 중요한 일이 있을 때마다 찾는다고 했다. 주로 자식들의 진로와 관련된 미래가 궁금할 때 간다는 것이다.

나도 나의 미래가 궁금해서 찾아갔다. 나와 우리 가족들, 친정 가족들까지 그 성격이나 특징에 대해서 다 이야기해 주었다. 정말 신기했다. 나의 미래에 대해 물었다. 앞으로 잘될 거라는 이야기만 했다. 지금도 뚜렷이 기억나는 게 없는 걸 보면 별 내용이 없던 것이다. 나중에 알게 되었다. 신내림을 받은 사람들도 사람의 과거에 대해서는 잘 알 수 있다는 것이다. 하지만 사람의 미래에 대해서 알지는 못한다고 한다. 예측이라는 것이다. 결국 나의 미래는 내가 잘하면 잘 살고, 내가 못하면 못 사는 것이다. 플러스 옵션이 있다면 운이다. 때에 맞춰 노력하는 그런 행운. 내가 하는 모든 것을 우주가 도와주는 그런 운.

의식을 높여 주는 책의 대표 저자로는 네빌 고다드가 있다. '버킷리스트'를 이루어 유명해진 존 고다드는 알았지만 네빌 고다드는 처음 들어보는 이름이었다. 네빌 고다드는 형이상학자로, 스승 압둘라에게서 성경의 상징적 해석과 히브리어의 비의적 의미 등에 대해 가르침을 받았다. 그는 미국 전역에서 강연을 하며 사람들에게 지대한 영향을 미쳤다. 그의 강연을 듣고 많은 자기계발자들이 강연을 하고 성공을 이루게 되었다. 그의 저서로는《네빌 고다드의 부활》,《네빌 고다드의 5일간의 강의》,《네빌 고다드 라디오 강의》,《네빌링》,《상상의 힘》,《세상은 당신의 명령을 기다리고 있습니다》,《믿음으로 걸어라》 등이 있다.

나는 두 달 전에 네빌 고다드를 알게 되었다. 내가 책 쓰기 코칭을 받고 있는 〈한책협〉의 김태광 대표 코치를 통해서다. 그는 20대 시절 불행과 가난으로 밑바닥의 삶을 살았다. 알코올에 의지해 하루하루 버티는 삶을 살았다. 그러다 우연히 의식에 관한 책을 읽고 자신의 의식을 높이기 시작했다. 자신의 의식을 높이고 사업에 집중했다. 그 결과 100억 대의 자산가가 되었고, 최고의 책 쓰기 코칭 전문가가 되었다. 또 분당 〈김도사수학〉의 대표 원장이자 몇 채의 건물을 소유한 건물주가 되었으며, 페라리와 람보르기니 같은 슈퍼카를 6대나 가지고 있다.

둘째, 부에 관한 책을 읽어야 한다. 아직도 돈, 부라는 단어를 터부시하는 사람이 있다. 고상하지 못한 속물 같은 사람처럼 느껴지는 것이다. 체면을 중시하는 양반의식이 아직도 우리에게 흐르고 있다. 사실 돈 자체가 나쁜 것은 아니다. 돈이 많다고 남을 무시하고 돈이라면 뭐든지 다 하는 사람들이 문제인 것이다.

돈을 많이 벌어 좋은 일을 하면 된다. 부를 축적해 가난을 구제하고, 기아를 해결하고, 세계 환경 문제를 해결할 수도 있다. 후진국의 가난한 사람들을 위해 우물을 파고, 공장을 짓고, 학교를 지어주면 된다. 아니, 그렇게 멀리 가지 않아도 돈을 많이 벌어 부모와 형제, 친척들을 도우면 된다. 그리고 지역사회가 잘 살도록 노력한다. 우리나라 전체로 기부 범위를 넓힌다.

부에 관한 책을 읽으면 돈, 부에 대해 긍정적인 마인드가 형성된다. 그러한 책으로는 엠제이 드마코의 《부의 추월차선》, 브렌든 버처드의 《백만장자 메신저》, 리처드 브랜슨의 《비즈니스 발가벗기기》, 하브 에커의 《백만장자 시크릿》 등이 있다.

셋째, 빚, 재테크와 관련된 책을 읽어야 한다. 실질적이고 구체적인 사례들이 많아 실천하는 데 많은 도움이 되었다. 《절박할 때 시작하는 돈 관리 비법》, 《왕의 재정》, 《빚지기 전에 알았더라면 좋았을 것들》, 백정선, 김의수의 《앞으로 5년, 빚 없는 사람만이 살아남는다》, 제윤경의 《빚 권하는 사회, 빚 못 갚을 권리》와 같은 책들을 읽기를 권한다.

《앞으로 5년, 빚 없는 사람만이 살아남는다》는 내가 빚 갚기를 할 때 읽었던 《빚지기 전에 알았더라면 좋았을 것들》의 저자가 쓴 책이다. 현대는 빚을 권하는 사회이고, 세대별로 빚에서 자유로운 사람이 없다는 위기의식, 금융권과 카드회사만 살게 해 주는 정책들에 대해 신랄하게 비판했다. 집, 자동차, 자녀 교육비, 보험이 빚을 부추기는 실체임을 설득력 있게 주장하고 있다. 빠르게 닥쳐 온 노령화 시대에 가장 시급한 것은 노후 준비다. 과연 노후 준비가 된 사람들이 몇 퍼센트나 될까. 겁먹지 말고 소처럼 노후 준비를 하라고 권하고 있다.

저자는 악성 채권, 부실 채권으로 빚진 사람들이 고통받는 것은 국가의 책임이라고 이야기한다. 국가에서 금융권이나 회사의 부도는 막대한 예산을 들여 막아 주지만 개인의 부도는 개인의 책임으로 돌린다는 것이다. 국가는 도덕적 해이를 언급해 개인의 부채에 대해서는 외면하고 있다. 개인들도 빚을 안 갚을 권리가 있다. 능력이 없는데 빚을 빌려 주는 기관에도 그 책임을 물어야 한다는 것이다. 성남시 같은 경우는 부실채권을 사들여 소각하는 일을 하고 있다. 뜻하지 않게 빚을 지었거나, 의도하지 않은 상황 때문에 빚을 갚지 못하는 개인들을 국가에서는 구제해 주어야 한다는 것이다.

넷째, 재테크 관련 책을 읽어야 한다. 돈을 벌려면 일을 해야 한다. 예전에는 그럭저럭 월급에 맞춰 살아도 괜찮았다. 하지만 요즘은 직장인들의 월급이 남지를 않는다. 소비 권하는 사회가 되었기 때문이다. 맞벌이를 해도 모을 수 있는 돈은 많지 않다. 학자금, 주택 자금, 교육비, 자동차 구입이 다 빚으로 해결되다 보니 처음부터 월급으로는 감당하기 어렵다. 한 달 생활비는 교통비, 통신비, 품위 유지비, 경조사비, 교육비, 외식비, 여행경비 등 계산이 어려울 지경이다.

일상에서 재테크를 실천할 수 있는 책을 소개한다. 김태광의 《나는 직장에 다니면서 1인 창업을 시작했다》, 이대표 등의 《6개월에 천만 원 모으기》, 김서진의 《대한민국 경매투자》, 김석준의 《내 집마련 불변의 법칙》, 박민수의 《주식 공부 5일 완성》, 김유라의 《아들 셋 엄마의 돈 되는 독서》 등이 있다.

앞으로 우리 세대의 삶은 어떻게 될 것인가. 지금은 50대 초반이라 다들 일을 열심히 하고 있다. 하지만 앞으로 10년 동안 노후 준비를 하지 않으면 앞으로 많은 어려움을 겪을 수 있다. 갑자기 해고되기도 하고, 경기가 좋지 않아 사업이 어려워지기도 하고, 주변에서 도움을 요청하기도 할 것이다. 가장 염려가 되는 것은 갑자기 건강을 잃는 경우다.

지금 삶이 괜찮을 때 책을 읽고 미래를 대비해야 한다. 의식을 확장시키는 책을 먼저 읽어야 한다. 현재 시대 상황을 파악할 수 있는 책을 읽어야 한다. 돈과 빚에 대한 개념과 해법을 지적해 주는 책을 읽자. 그리고 재테크와 창업에 관한 책을 읽어야 한다. 내가 소개한 책을 다 읽지 않아도 된다. 분야별로 골고루 10개를 골라 읽어 보자. 그리고 부자가 되는 로드맵을 짜자. 큰 부자가 되어야 크게 도울 수 있다.

08

돈 되는 독서는
따로 있다

+ − × ÷

나는 삶을 변화시키는 아이디어를 항상 책에서 얻었다.
− 벨 훅스 −

"책만 그렇게 읽으면 밥이 나오니? 돈이 나오니?"

책을 많이 읽는 사람들이 자주 듣는 말이다. 박지원의 소설《허
생전》의 주인공은 책만 읽는 바보였다. 허생은 쓰러져 가는 초가집
에 살면서 하루 종일 방 안에 틀어박혀 글을 읽는 게 일과의 전부
였다. 그의 아내가 삯바느질로 먹을 걸 얻어와 겨우 입에 풀칠하고
살았다.

책을 많이 읽는 사람은 돈에 관심이 없는 경우가 많다. 나도 그
랬었다. 하지만 2억 원의 빚더미에 앉아 보니, 이것저것 가릴 처지
가 아니었다. 교사의 체면도 없었다. 그래서 찾은 것은 책이었다. 책
을 읽고 그 안에서 권하는 방법을 실행에 옮겼다. 체크카드를 사용

하면서 신용카드가 대출이라는 것을 알았다. 카드 하나 바꿨을 뿐인데 월 소비가 확연히 줄어들었다. 난 신용카드는 광고처럼 부자되는 도구인 줄 알았다. 또 직장인의 품격인 줄 알았다. 그러나 신용카드가 돈 잡아먹는 카드라는 걸 그때 깨달았다.

소비와 지출을 확 줄였다. 책에서 저자들이 실천했던 극단적 소비법을 실천했다. 물론 김미진 작가처럼 실행하지는 못했다. 고등학교와 대학교를 다니는 두 딸들이 있었기 때문이다. 다만 이전에 생각 없이 했던 행위들을 멈추었다. 다수의 외식, 카트 가득 장보기, 홈쇼핑 구매하기와 같은 행위들을 멈추었을 뿐인데 소비가 눈에 띄게 줄었다.

그래서 얼마를 갚았을까? 1년에 평균 3,000만 원씩은 갚았다. 2013년 초에 결심은 했지만 빚 갚기를 본격적으로 시작한 것은 2013년 말이다. 2017년까지 4년에 1억 2,000만 원 정도를 갚은 것이다.

대출 계좌는 총 5개였다. 그중 학자금 대출을 제외한 나머지 4개 계좌 중에서 이자가 높은 대출을 무조건 먼저 갚았다. 제1금융 대출이 2건 있었다. 은행 금리는 한국은행 기준 금리에 따라 자주 변동된다. 초기에는 그런 사실을 몰라서 그냥 갚기만 했다. 그런데 기준금리가 떨어지면 똑같은 이름으로 다른 대출 상품이 생긴다는 정보를 알게 되었다. 당장 달려가서 기존 대출을 해지하고 새로 대출을 받았다. 그랬더니 1~2% 정도까지 이자율이 떨어지는 것이었다. 떨어지는 이자율이 얼마 안 되어 보여도 대출 원금이 많으면 1년에 몇십만 원이 절약되는 것이다.

그렇다면 돈이 되는 독서는 어떻게 해야 할까? 나의 5년 경험을 토대로 단계별로 정리해 보았다. 난 닥치는 대로 읽고 생각나는 대로 실천했다. 지금 와 생각해 보니 좀 더 체계적인 접근을 했으면 어땠을까 하는 생각이 들었다. 이 책을 읽는 독자들은 단계적으로 실행하면 될 것이다.

첫째, 의식을 높이는 책을 먼저 읽는다. 네빌 고다드, 조셉 머피 같은 형이상학자들이 쓴 책을 읽기를 권한다. 내가 이들의 책을 알게 된 것은 불과 두 달 전이다. 물론 이전에 읽었던 책에서 상상의 힘을 알게 해 준 책도 있었다. 이지성의 《꿈꾸는 다락방》, 김상운의 《왓칭》, 차동엽의 《무지개 원리》, 모치즈키 도시타카의 《보물지도》 등이다. 네빌 고다드와 조셉 머피의 책은 상상의 원리와 방법을 상세하게 안내하고 있다. 상상, 의식만으로 이미 우리는 빚을 다 갚고 부자가 된 것이다. 그 과정이 너무 구체적이어서 실천만 한다면 내가 원하는 대로 다 이루어지는 것이다.

둘째, '돈', '부자'에 대한 개념과 원리를 알려주는 책을 읽는다. 난 이런 종류의 책들도 최근에 읽었다. 돈에 쪼들리면서도 돈 버는 방법에 대해서는 관심을 두지 않았었다. 매달 월급이 꼬박꼬박 나오기 때문이다. 월급을 타면서도 또 다시 돈 버는 것에 욕심을 부리는 것은 과욕이라 생각했다. 그러면서 묻지 마 투자를 해 돈을 날리니 이런 아이러니가 있을까.

최근 내가 읽은 책을 소개하겠다. 브랜든 버처드의 《백만장자 메신저》다. 저자는 19세에 자동차 사고로 죽음의 문턱에서 살아났다. 그는 '골든 티켓'을 받았다고 생각했다. 이후에 자신이 죽을 뻔했던 그 경험을 사람들에게 전달한다. 그리고 자신이 골든 티켓을 받은 것처럼 청중들도 골든 티켓을 받을 차례라고 강연한다. 그의 연설을 듣고 많은 사람들이 감동한다. 그는 1인 기업가가 되어 자신의 경험을 통해 다른 사람을 돕는다. 그 직업을 메신저라고 부른다. 누구나 자신이 가진 경험이 있기에 그 경험을 메시지로 만들어 어려움을 겪는 사람들을 도우라고 한다. 그리고 메신저가 되기 위해 필요한 준비를 단계별로 작성하도록 빈 공간을 남겨두었다.

나는 이 책을 읽고 나를 돌아보았다. 내가 가진 메시지가 뭘까 생각했다. 나는 책을 좋아한다. 어느 때는 하루 종일 책만 보는 직업을 가졌으면 좋겠다는 생각을 하기도 했다. 그리고 그 책을 읽고 빚을 갚았다. 빚을 갚은 것은 곧 돈을 번 것이다. 이 경험을 다른 사람들에게 나누고 싶다. 빚으로 고통받는 사람들에게 조력자가 되어 주고 싶다. 나의 도움으로 누군가가 빚에서 탈출하고 평안을 찾을 수 있다면 얼마나 보람 있는 일인가.

누구나 메신저가 될 수 있다. 아이를 키우거나, 우울증을 겪다가 자존감을 회복한 경험이 있다면 그런 사람을 도울 수 있다. 학창시절 왕따를 당했거나 직장생활을 했거나 장사를 한 경험도 활용할 수 있다. 질병을 앓거나, 다이어트를 하거나, 여행한 것도 당신을 메신저로 만들어 줄 수 있다. 특별한 경험을 하지 못했다고 자신이 부족하다고 생각하지 말자. 세상에는 특별한 경험을 하는 사람보다 평범한 경험을 하는 사람들이 더 많다. 당신의 메시지를 들어 줄 사람이 많다는 것은 당신의 메신저가 큰 사업이 될 수 있다는 것이다.

리처드 브랜슨의 《비즈니스 발가벗기기》, 엠제이 드마코의 《부의 추월차선》도 권한다. 비즈니스에 대해, 부자가 되는 법에 대해 동기부여를 확실하게 해 준다. 저자들은 돈의 개념과 원리에 대해, 부자가 되는 방법에 대해 아주 쉽게 이야기해 준다. 누구나 부의 추월차선을 탈 수 있다고 격려해 준다.

셋째, 빚 갚는 법에 대한 책을 읽는다. 우리 사회는 빚 권하는 사회다. 빚에서 자유로울 수 있는 사람은 거의 없다. 평범한 직장인들은 월급으로는 부자가 될 수 없기에 주거용 아파트로 재테크를 한다. 담보 대출을 가득 안고 말이다. 대학생부터 노년까지 빚을 안고 살아가고 있다. 내가 이 책에서 언급했던 책들을 읽는다면 도움이 될 것이다. 그중 《절박할 때 시작하는 돈관리 비법》은 절판되었지만 도서관에 가면 빌릴 수 있다. 인터넷 서점을 살펴보면 빚, 돈,

대출, 부채에 관련된 도서가 많다. 시대적으로 빚더미가 몰려온다는 징조일 수도 있다. 이런 책을 통해 빚을 갚고 자산관리를 잘해 닥쳐올 위기에 대처하도록 하자.

넷째, 재테크에 관한 책을 읽는다. 부자가 되려면 새는 돈을 막고, 수입은 늘리라고 한다. 수입을 늘리려면 투자 지식이 필요하다. 적금, 주식, 펀드, 외국주식, 부동산 등 다양한 분야에 대한 책을 읽어 본다. 그리고 자신에게 맞는 투자 방법을 찾아서 실천해 보자. 혼자 하기 힘들다면 코칭이나 컨설팅을 받아 진행하면 좋을 것이다.

다섯째, 전문 지식을 배울 수 있는 책을 읽는다. 최근 전달 매체 중 단연 으뜸은 유튜브다. 불과 몇 달 전까지만 해도 젊은 층을 중심으로 유튜브 시장이 형성되었다. 그러나 최근에는 유튜브 구독층이 전 연령층으로 확대되고 있다. 유튜브 채널은 확실한 파이프라인이다. 나의 일상이 수입으로 연결되는 시대가 되었다. 나도 곧 영상을 업로드할 것이다. 또 블로그 마케팅, 인스타그램, 페이스북, 카페 활동도 적극적으로 할 것이다. 1인 창업의 세계에서는 그런 방법들이 아주 중요한 도구가 된다.

돈이 되는 독서, 부자 독서는 따로 있다. 서점에 나가 보자. 부에 대한 의식을 높여 주는 책들이 죽 전시되어 있다. 작가들의 귀중한 경험이 녹아 있는 그 책들을 읽어 보자. 그리고 그 방법들을 실행에 옮기자.

책을 읽을 때도 순서가 있다. 010 9267 9593으로 연락하면 각자의 상황에 맞는 책을 추천하고, 어떤 방식과 순서로 읽어야 할지 알려 주겠다. 또한 의식을 바꾸고 부의 개념을 새롭게 정립하는 데 도움을 줄 수 있다. 나의 컨설팅으로 부자 되는 독서법을 익힌다면 머지않아 크게 성공해 나눔을 실천하고 행복을 누리는 삶을 살게 될 것이다.

PART **5**

책 속에
부자가 되는
길이 있다

01

책 속에
부자가 되는 길이 있다

+ − × ÷

책을 사느라고 돈을 들이는 것은 결코 손해가 아니다.
오히려 훗날 만 배의 이익을 얻을 것이다.
– 왕안석 –

"부자 되세요!"

신용카드 광고 속 예쁜 여배우의 외침을 진심으로 믿은 내가 바보였다. 카드를 생각 없이 쓴 결과는 컸다. 40대 후반의 평범한 직장인이 2억 원이라는 빚을 지고 말았다. 내가 빚을 지게 된 근본 원인은 기획부동산과 무리한 대출이었다. 2억 대출에 대한 이자와 원금이 빠져 나가면 내가 월급에서 사용할 수 있는 가용 자금은 거의 없었다. 그런데도 난 이전의 생활 패턴을 고수하고 있었다. 40대 후반의 우아한 라이프스타일을 위해 매일 신용카드를 긁었고, 매달 카드회사에 대금을 납부하고 나면 잔고는 항상 마이너스였다. 급한 마음에 인터넷 카페에 가입해 정보를 얻었고, 거기서 책 추천을 받아 읽기 시작했다. 내가 카드를 끊을 수 있었던 것은 책의 힘이었다.

책을 읽고 실천하는 것은 때론 고통이었다. 예전 같으면 생각 없이 사던 구매 행동이 줄어들었다. 1,000원짜리 하나도 살까 말까 고민했다. 모임 시간에 늦었는데도 택시를 탈까 말까 고민했다. 가장 힘들었던 것은 동료들과 함께 식사를 할 때였다. 나는 식사할 때 내가 먼저 계산하는 것을 좋아했다. 계산할 때 뒤에서 머뭇거리거나 신발을 고쳐 신는 행위를 절대 하지 않았다. 그런 행동을 하는 사람은 좀생이라고 생각했다. 그런데 내가 그런 행동을 하게 되었다. 그런 날은 집으로 돌아오면서 비참함에 눈물이 왈칵 쏟아졌다.

'나이가 50이 다 되어 가는데 나는 지금 왜 이러고 있는가?'

'앞으로 나의 인생은 어떻게 될 것인가?'

그래도 행복할 때도 있었다. 절약을 실천하면서 내 몸에 소비의 습관이 배어 있는 것을 발견했다. 뼛속까지 과소비의 욕망이 박혀 있던 나와 결별한 뒤 통장에 월급이 쌓여 있는 것을 보면서 보람을 느꼈다. 그 돈으로 대출 원금을 갚고 매달 줄어든 대출을 확인할 때 내심 뿌듯했다.

책 속에는 부자가 되는 방법이 다 들어 있다. 저자들이 그 방법을 책에 다 녹여 놓았다. 다만 독자들이 읽지 않는 것이다. 읽어도 실천을 하지 않는다. 그 이유는 책에 대한 선입견 때문이다. 책은 고상하고 교양 있는 내용이 있어야 할 것 같다. '빚'이라는 단어와 '책'

이라는 단어가 잘 연결되지 않는다. 나에게도 그런 선입견이 있었다. 내 상황을 자각하기 전까지는 그런 책은 거들떠보지도 않았다.

요즘은 경제 관련 책을 많이 읽는다. 부자가 되고 싶은 것이 솔직한 내 마음이기 때문이다. 예전에는 체면과 사회적 지위 때문에 그 마음을 드러내지 못했다. 학생들을 바르게 키워야 할 교사가 돈에 관심을 가지면 천박하다는 비판을 받을 것 같았다.

하지만 이제는 생각을 바꾸었다. 공부를 하고, 직장에 다니고, 일을 하는 궁극적인 이유가 무엇인가? 바로 돈 때문이다. 돈에 대해 부정적인 시각을 갖는 것이 나쁜 것이다. 돈을 버는 방법을 터득하고, 정당하게 많이 벌어야 한다. 그래야 나와 가족이 행복하다. 그 돈으로 기부를 하고 어려운 사람을 도와야 한다. 부자가 되고 싶다면 당장 책을 잡자.

어떤 책을 읽어야 할까? 현재 상황과 바라는 바에 따라 다르다. 빚이 있으면 빚 갚는 책을 읽고 실천해 보자. 짠돌이들이 실천하는 방법을 따라 해 보자. 반복해서 이야기하지만 신용카드와 결별하고, 가계부를 적어야 한다. 한두 달 통계를 내 보면 나의 지출 구조도가 눈에 보일 것이다. 대출은 무조건 원금을 갚아 나가야 한다. 그래야 빚 갚는 보람이 있다. 빚 갚기 계획을 세우자. 자산과 대출 현황표를 작성해야 한다.

경제 관련 책은 언제부터 읽어야 하나? 엄마들에게 부탁하고 싶다. 어린 자녀들에게 지금부터 읽히라고. 난 우리 딸들에게 경제 교육을 잘 시키지 못했다. 내가 경제관념이 없었으니 그것이 잘될 리가 만무하다. 다행히 딸들이 유명 브랜드를 찾지 않고, 화려한 것을 좋아하지 않아 돈이 많이 들어가진 않았다. 하지만 알뜰살뜰한 생활과는 좀 거리가 멀다. 경제 교육을 잘하지 못한 엄마를 원망하면 어쩌나 고민도 된다.

《열두 살에 부자가 된 키라》는 어린이 경제 도서 고전이다.《돈》을 쓴 보도 섀퍼가 어린이들에게 경제 의식을 심어주기 위해 쓴 동화다. 키라가 강아지 머니에게 부자 수업을 받는 내용이다. 핵심은 꿈과 목표를 분명히 하면 이루어질 수 있다는 것이다. 우리 딸들도 어렸을 때 읽고는 아주 좋아했던 책이다.

청소년기 자녀에게도 경제 관련 책을 읽게 해야 한다. 13년 전 학교에서 교감 선생님이 《마시멜로 이야기》를 학급 반장들에게 선물로 주고 격려한 적이 있었다. 읽고 소감을 이야기해 주면 더 좋겠다는 말씀도 덧붙이셨다. 우리 학급 반장은 그 책을 읽고 변화된 모습을 보여 주었다. 반장은 어렸을 적부터 사고 싶은 것은 사야 하는 생활을 해 왔다고 했다. 그러다 집안 형편이 갑자기 나빠져 공업고등학교에 진학했다. 어머니는 아픈 몸을 이끌고 겨우 일을 해서 생계를 유지하는 와중에도 아들이 친구들 사이에서 기가 죽을까 봐 매일 1만 원씩 용돈을 주셨다. 반장은 그 돈으로 매점에서 군것질을 하고 친구들에게도 사 주며 돈을 다 썼다. 그런 반장이 그 책을 읽고 내게 찾아와 자신이 왜 그렇게 살았는지 모르겠다며 후회했다. 그는 책에서 미래를 위해 현재의 달콤한 유혹을 참으라는 가르침을 얻어 용돈을 모으고 있다며 자랑스러워했다.

2년 전 육촌 오빠가 며느리를 보았다. 아버지가 은행에서 일을 하셨고, 본인은 스타벅스 한국지사에서 일하고 있다고 했다. 경제적 여유가 있는 집에서 자랐으니 화려하겠지 싶었는데 전혀 아니었다. 화장기 옅은 얼굴, 생머리, 수수한 옷차림이었다. 올케 언니는 며느리 칭찬이 입에서 떠나지 않았다. 10원짜리 하나도 허투루 사용하지 않는다고 했다. 얼마나 알뜰한지 요즘 사람 같지 않다는 것이다. 회사에서도 총무 업무를 하며 전국 직원들의 급여 관리를 한다고 했다. 그 때문인지 경제 관리를 그렇게 잘할 수가 없다고 했다. 항상 집밥을 먹고 반찬이나 특별 요리도 잘한다고 했다. 시할머니 드시라고 직접 만든 팥양갱을 가지고 왔을 정도다. 어릴 때부터 가정에서 경제 교육을 시킨 결과라고 생각했다.

부자 되는 방법, 책에 다 있다. 부자가 되어야 하는 이유는 무엇인가? 부자가 되면 궁극적으로 남을 돕는 삶을 살 수 있다. 가난하고 어려운 사람들을 도울 수 있다. 부모님께 용돈을 넉넉하게 드릴 수 있다. 어려운 이웃을 도우며 칭찬을 받을 수 있다. 나아가 빈민국에서 죽어 가는 사람들을 살릴 수 있다.

자신의 집을 부자로 만들고 싶다면 지금 당장 책을 펼쳐 보자. 엄마가 책을 읽고 변해야 한다. 빚지고 후회하는 선배 엄마의 조언을 듣기를 권한다. 아빠들도 지나친 회식 모임과 주말 취미 활동을 줄이기를 권한다. 주말에는 가족 모두 함께 도서관에 가 보자. 의외로 주말 시간을 도서관에서 보내는 사람들이 많다. 또 서점에 가서 책을 보고, 한 권씩 사는 습관을 들이자. 술값보다 저렴하고, 골프 라운딩의 10분의 1에 지나지 않는다.

02

분야별로
3권씩만 읽어라

+ − × ÷

내가 인생을 알게 된 것은 사람과 접촉해서가 아니라
책과 접하였기 때문이다.
— A. 프랜스 —

"선생님, 책 좀 골라 주세요."

"책은 읽고 싶은데 무슨 책을 읽을까요?"

"음, 이것들 세 권만 읽어 봐."

도서관에서 학생들과 주로 나누는 대화다. 나는 10대에 읽으면
좋을 만한 책들을 선정해서 권해 준다. 한 권만 권하면 아쉬우니
패키지로 세 권 정도 권해 준다. 책 읽는 속도가 빠른 학생은 얼른
받아 가고, 느린 학생은 세 권이나 주냐며 부담을 가진다.

난 지금까지 다독주의자였다. 엄마가 위암 판정을 받으셨을 때
도 일단 많이 읽었다. 암, 건강 관련 책을 50권 정도 읽으니 방법이
정리되었다. 읽으면서 치료에 도움이 되는 것과 전혀 도움이 되지

않는 것들을 분류했다. 그중 가장 도움 되는 책을 추리면 세 권 정도 되었다.

빚에서 탈출하기 위해 책을 읽을 때도 100여 권은 읽었다. 빚이라는 단어로는 책이 그렇게 많지도 않았다. 돈, 재테크, 부동산, 투자와 같은 경제 도서를 모두 포함한 것이다. 그렇게 읽고 나니 방법이 보이고 정리되었다. 경제 서적도 분야대로 정리하면 세 권 정도씩 되었다.

책을 읽고 인생을 바꾸고자 하는 사람들에게 권한다. 문제별로 세 권만 읽으라고. 세 권을 고르는 나만의 방법이 있다. 인터넷 서점에 들어가서 검색어를 입력한다. '인기도', '평점순', '리뷰순'으로 차례차례 검색해 보고 공통적으로 상위에 링크된 책을 고르면 된다. 이때 유의할 것은 신간이다. 신간의 경우 적극적 마케팅을 펼치는 시기라 판매가 급증할 수 있다. 결과적으로 상위 링크된 목록에서 출간된 지 5개월 정도 지난 책을 고르는 것도 방법이다. 좋은 책은 시간이 지나면서 입소문으로 인기가 올라가기 때문이다. 내가 읽은 책들 중 분야별로 3권씩 추천해 보겠다.

첫째, 독서법에 관한 책이다. 독서를 왜 하는지, 어떻게 해야 하는지를 알려 주는 책들이다. 내가 읽은 책 중 독서에 대한 동기부여를 주는 책은 단연《독서 천재가 된 홍대리》다. 직장인이 독서에 입문하는 과정을 이야기로 엮은 책으로, 저자의 필력이 대단해서

단숨에 읽힌다. 문장이 쉬워서 중학생도 읽기 좋다.

박상배의 《본깨적》은 책 내용을 상세하게 읽는 방법을 알려 준다. 책을 읽고 각 본문에다 '본 것', '깨달은 것', '적용할 것'의 내용을 메모하고, 그것을 독서노트에 정리해 활용한다.

양동일, 김정환의 《질문하고 대화하는 하브루타 독서법》은 독서토론에 대한 동기 부여를 강하게 준다. 사실 독서는 혼자 하면 30%, 요약과 소감을 기록하면서 하면 50%, 책 읽고 다른 사람들과 토론하고 실천하면 90% 효과가 있다. 나머지 10%는 세상이 바뀌어야 한다. 세종대왕은 책을 읽고, 베껴 쓰며, 신하들과 열띤 토론을 했다. 그로 인해 창의적인 인재들이 자신의 생각을 표현했다. 집단지성의 힘으로 세종대왕 시절 문화와 문명이 융성했던 것이다. 독서토론의 불씨를 지핀 것은 하브루타다. 하브루타 토론으로 가정, 학교, 직장, 나아가 모든 사회에서 토론이 왕성하기를 기대한다.

둘째, 학습법에 관한 책이다. 《박철범의 하루공부법》은 어머니가 사기 사건으로 감옥에 가게 되면서 할머니와 교회에 딸린 작은 방에서 살게 된 저자의 이야기가 담겨 있다. 빚쟁이들이 집으로, 학교로 찾아오면서 공부조차 편하게 하지 못하던 저자가 자신의 상황에 맞는 효율적인 공부법을 찾아내고, 그것을 실천해 1등이 되고 결국 서울대에 합격하는 스토리가 어른들이 보기에도 감동적인 내용으로 그려지고 있다.

황농문의《공부하는 힘》은 18시간 몰입의 법칙을 공부에 적용하는 것이다. 현실적으로는 한 과목, 한 질문을 가지고 긴 시간 몰입을 할 수 없다. 혹 대학생이라면 가능할 수도 있겠다는 생각도 했다. 그럼에도 이 책은 몰입의 중요성에 대해 알려 주고 있다.

《현근이의 자기주도 학습법》의 저자 김현근은 가난을 딛고 공부를 통해 성취를 해 내었다. 유학을 가겠다는 꿈을 이루기 위해 자기주도학습을 철저하게 했던 자신의 방법을 체계화해 소개하고 있다.

셋째, 빚을 갚기 위해 읽어야 하는 책들이다. 《왕의 재정》, 《빚지기 전에 알았더라면 좋았을 것들》, 《절박할 때 시작하는 돈관리 비법》이다. 이 책들은 앞에서도 여러 번 이야기했으니 내가 읽은 것 중에 세 권만 더 소개하겠다.

김의수, 백정선의 《앞으로 5년, 빚 없는 사람만이 살아남는다》는 가계 부채의 현주소에 대해 적나라하게 나와 있다. 빚 권하는 사회에서 어떻게 하면 빚지지 않고 살 수 있는지를 3단계로 풀어나가고 있다.

난 제윤경의 《빚 권하는 사회, 빚 못 갚을 권리》를 읽고 충격을 받았다. IMF 때 국내 굴지의 기업과 은행들이 부도가 났다. 그 빚을 누가 다 갚아 줬는가? 국가에서 공적 자금을 투입해 갚아 줬다는 것이다. 저자는 묻는다. 개인이 빌린 대출을 갚지 못하면 왜 개인에게만 책임을 묻는가? 부실한 상황을 다 알고 빌려 준 은행은 책임이 없고, 개인 채무자만 10년이고 20년이고 그 빚을 갚아야 한다. 빚을 갚으면 다 늙어간다. 개인도 빚 못 갚을 권리가 있다. 나는 빚은 다 갚아야 하는지 알고, 동생들 빚을 갚으라고 도와주느라 내가 또 빚더미에 올라앉았다. 나는 그 돈을 한 푼도 쓰지 않았는데. 채무에 대한 도덕적 해이는 나쁘다 하지만, 더 이상 감당할 수 없을 때는 제도의 힘을 빌리는 것도 방법이라는 생각을 했다.

박종훈의 《빚 권하는 사회에서 부자 되는 법》을 보면서 내가 해 온 방법이 다 들어 있는 것 같았다. 빚을 질 수밖에 없는 상황, 빚 정리 기술 5단계, 대출 받는 법, 2개의 통장을 활용한 빚테크, 재테크까지 단계적으로 정리하고 있다. 이 저자가 쓴 《2015 빚더미가 몰려온다》도 꽤 충격적으로 읽었다.

이 외에도 책으로 해결할 수 있는 경우는 많다. 10년 전 해외 여행을 갈 때도 그랬다. 일단 서점에서 가고자 하는 여행지에 대한 책 세 권을 구매했다. 다 읽고 그중 가장 맘에 드는 책을 골라 손에 들고 떠났다. 가는 곳마다 책 내용을 확인하면서 다녔다. '아는 만큼 보인다'라는 말을 실감했다. 아무 생각 없이 여행을 갔으면 눈에 들어오지 않았을 것들이 많았다. 책을 읽었기에 남들보다 더 많은 것을 보고 더 많은 생각을 하게 되었다.

현대인은 바쁘다. 가정에서, 직장에서, 사회에서 자신의 할 일을 하느라 눈코 뜰 새 없다. 바쁜 사람들에게 처음부터 독서를 몇십 권, 몇백 권 하라고 하면 무리다. 그 권수에 눌려서 시작조차 하지 못할 수도 있다. 처음부터 무리하게 많이 읽으려 하지 말고 딱 세 권만 읽으면 된다.

한 유명 작가는 자신을 '먹물'로 표현했다. 무언가 궁금한 게 생기면 무조건 책을 찾아본다고. 책을 읽고 찾아야 직성이 풀린다고. 나는 그 말에 백배 공감했다. 나도 어떤 사실을 알고 싶으면 관련된 책을 보며 해법을 찾고 또 찾았다. 단순한 호기심이 생기면 인터넷에서 검색해 보기도 한다. 하지만 진지한 해결책을 얻고 싶을 때는 무조건 책이다. 닥치고 책이다. 딱 세 권만 기억하자.

03

책 읽는 엄마가
가정을 살린다

+ − × ÷

약으로써 병을 고치듯이 독서로써 마음을 다스린다.
− 시이저 −

얼마 전에 JTBC 드라마 〈스카이캐슬〉이 끝났다. 종편임에도 불구하고 시청률이 23.8%나 나온 엄청난 인기 드라마였다. 해피엔딩으로 끝나 훈훈했지만 교육을 소재로 한 드라마 치고는 섬뜩한 내용을 그려냈다. 인간의 탐욕이 얼마나 무서운지를 보여 주었다. 자식을 통해 부와 권력, 명예를 대물림하려는 욕심의 끝을 보여 주었다. 드라마라 과장된 면이 있을 것이다. 하지만 최근 교육현장에서 일어나고 있는 사건들을 보면 그런 일이 일어날 수도 있겠다는 추정을 하게 한다.

그 드라마는 실제 사건을 토대로 제작되었다고 한다. 유명 사립고에서 교무부장이 저지른 시험지 유출 사건이다. 중하위권으로 입학한 쌍둥이 딸들이 한 학기 지날 때마다 성적이 크게 올랐고, 2학년 1학기가 끝났을 때는 문과, 이과에서 나란히 1등을 차지했다. 다른 학생들과 학부모들이 두 학생의 성적 향상에 의문을 제기하고, 언론에 제보하면서 교육청 감사를 받고 재판 중이다. 교무부장은 시험지를 결재하는 과정에서 정답을 확보한 것으로 의심되고 있다. 아이들은 따로 가정법원에서 재판을 받고 있다.

이 사건은 참으로 많은 생각을 하게 했다. 빗나간 부정이 자식들을 망가지게 한다는 걸 알았다. 자본주의, 민주주의 사회에서 공평과 평등의 잣대가 무너지면 질서는 없어진다. 돈과 권력으로 더 많이 가지려고 하는 순간 게임의 룰이 깨지는 것이다. 나만 잘되려고 하는 순간, 그 룰을 깨는 다른 사람에게 또 패배하게 된다. 그 사회는 이미 불평등 사회가 되는 것이다. 만약 그 아빠가 인문학 독서를 많이 한 사람이었다면 어땠을까? 모든 사람을 생각하고 나아가 약하고 힘없는 사람을 더 사랑하는 사람이었다면 그렇게 하지 않았을 것이다. 책으로 삶이 달라진 사람이라면 자식에게 당당하고 떳떳하게 살라고 가르쳤을 것이다.

얼마 전 중학교 후배가 연락을 했다. 동생의 친구인데 나의 페이스북을 보고 연락한 것이다. 그는 몇 년 동안 태국에서 UN 소속으로 통역하는 일을 했다고 한다. 몸이 안 좋아져 한국으로 돌아와 혼자 지내고 있었다. 아내와 자녀들은 다른 지역에서 살고 있다. 10년이 넘게 가족을 돌보지 않고 사업을 한다면서 외지로, 외국으로 돌아다녔단다. 막상 건강을 잃고 돌아가려니 염치가 없다고 했다. 처가댁 눈치도 보이고, 자녀들한테도 너무 미안하다고 했다. 대화를 하다가 그가 책을 좋아하는 것을 알게 되었다. 내가 가지고 있는 책 중에서 몇 권을 읽으라고 빌려 주었다. 그는 책을 읽어 보고 그중에서 네빌 고다드나 김도사의 책을 감명 깊게 봤다고 말했다.

지난 설에 다시 연락했더니 가족들이 온다고 해서 걱정이라고 했다. 아이들이 자신과 말도 안 하면 어쩌냐고 고민했다. 그러더니 잠시 후 메시지가 왔다.

"누나, 둘째가 저랑 눈도 안 마주치고 아프다면서 방으로 들어가 버렸어요."

둘째는 고등학교 3학년 올라가고, 큰딸은 대학생이 되며, 막내 아들은 고등학교에 입학한다고 했다. 아빠가 외국 나가서 안 오는 동안 엄마 혼자 삼남매를 키웠다. 그 긴 세월 아빠를 얼마나 원망하며 살았을지 짐작되었다. 후배의 아버지와 남동생이 조카들을 위해 지원을 아끼지 않았다고 한다. 그래서 명절이라도 오는 것이리라. 다음 날 다시 메시지가 왔다.

"누나, 둘째가 네빌 고다드 책에 관심을 보여요. 책 내용이 자기가 생각하는 방향이랑 같대요. 김도사의 《혼자 하는 공부의 힘》은 쓱 읽더니 자기는 꿈이 있대요. 얘는 드라마 작가가 꼭 되겠다고 해요. 누나가 빌려 준 책들을 아이들이 다 가지고 갔어요. 책으로 대화를 하니 말이 통하네요. 감사합니다."

내가 괜히 가슴이 뭉클했다. 철없는 아빠 때문에 사춘기를 방황했을 그 아이들이 안쓰러웠다. 후배가 이제라도 책을 읽으며 점점 변해 가고 있어 다행이란 생각이 든다. 그는 요즘은 돈을 벌 생각을 하고 있다. 나는 그에게 요즘은 돈 버는 방식이 바뀌고 있으니 좋은 콘텐츠가 있다면 일상을 유튜브에 올려서 구독자를 모으라고 권했다. 그는 인스타그램과 페이스북을 활발하게 이용하고 있으니 그와 마찬가지로 유튜브를 활용하면 된다고 말이다. 그는 알겠다면서 유튜브에 관한 책을 읽어 보기로 했다.

후배는 허리를 다쳐 몸이 몹시 불편하다. 매일 물리치료를 받고 나면 도서관으로 가서 많은 책을 읽으며 긍정적인 생각을 한다. 나는 후배가 아픈 몸을 이끌고 열심히 책을 읽는 것을 보고 감동했다. 내 주위의 친구들이나 후배들, 제자들에게도 도서관을 자주 가기를 권했으나 응하는 사람은 거의 없었기 때문이다. 책 덕분인지 후배는 다른 사람들과의 소통을 아주 좋아하게 되었다. 태국 친구들, 중국 친구들 그리고 한국 지인들과 수시로 전화와 메시지로 소통하고 있다. 성격도 많이 좋아졌다.

5년 전, 수능이 끝난 뒤 진로교육 중 하나로 작가 초청 강연회를 실시했다. 《위대한 독서의 힘》, 《위대하라》라는 책을 펴낸 강건 작가를 초청했다. 그는 학창시절 집안이 가난하고 부모님이 자주 싸워 집에 들어가는 것을 싫어했다고 한다. 노는 친구들과 어울려 다녔고, 공부도 하지 않아 대학도 겨우 들어갔다. 그러다 우연히 책을 만났다. 독서의 힘을 깨닫고 몰입한 결과 3년 동안 1,000권의 독서를 했다. 그 이후 완전히 다른 사람이 되었다. 〈강건인문학연구소〉를 설립하고 1인 기업가가 되어 전국으로 강연을 다니고 있다. 회사나 단체에도 강연을 가지만 교도소, 공부방 같은 곳으로 가 힘들게 살아가는 사람들에게 희망이 되고 있다.

그는 책을 읽기 전에는 엄한 아버지였다. 아들을 강하게 키워야 한다고 생각해 엄격하게 대했다. 하지만 아들은 약해져 있었다. 그는 독서를 통해 삶이 변한 후 아들에게 자상하게 대했다. 다정하게 말하고 항상 용기를 북돋워 주었다. 그랬더니 이제는 고등학생이 된 아들이 집에서 이야기를 아주 잘하고 동아리 활동을 잘한다고 한다. 아빠가 독서를 하니 자녀들도 행복해지고 자존감이 쑥쑥 커지는 것이다.

나도 책이 아니었으면 지금 이 자리에 없을 것이다. 교사라는 자존심에, 기획부동산 사기를 당하고 얼마나 절망했는지 모른다. 그 돈이 있다면 우리 가족이 얼마나 편안하게 살았겠는가? 힘들게 살고 계시는 아버지께 효도도 할 수 있었다. 동생들의 빚도 한 방에 갚아줄 수 있었을 것이다. 2억이란 돈을 허공에 날린 것이다. 아니지, 은행을 먹여 살리고 부동산 회사에 기부한 것이다. 그 일을 겪으면서 사람들이 왜 세상을 버리는지 알았다. 자존감이 무너지면 살 생각이 없어진다. 다른 사람들의 시선도 두려웠다. 교사에 대한 사회적인 시선도 감당하기 어려웠다. 내가 도박을 하거나 사기를 친 것도 아니니 다행이라고 생각하다가도 우울증을 견디기 힘들었다. 하지만 절망과 우울증을 책으로 날려버리고 나자 나는 더 단단해졌다.

독서하는 부모는 가정을 살린다. 자녀교육을 잘하고 싶다면, 집안을 일으키고 싶다면 책을 읽어야 한다. 책을 통해 변화된 내면으로 가족들을 대하면 가정이 화목해진다. 화목한 가정에서 자란 아이들은 자존감이 높아 학교생활도 성실하고 적극적으로 해 친구들과 선생님에게 인정을 받는다. 엄마와 아빠도 직장에서 일을 할 때 좋은 결과를 낸다. 업무 능력도 탁월해지고 성과도 좋아져서 동료들에게 인정을 받는다. 혹 사업을 한다면 사업성과가 뚜렷해져서 회사가 점점 더 성장한다. 독서로 가정을 살릴 수 있다.

04

독서로 가족의 문제를
해결할 수 있다

+ − × ÷

독서는 집안을 일으키는 근본이다.
− 〈명심보감〉 중에서 −

고3 담임을 할 때의 일이다. 학교를 옮기면서 3학년을 맡아 부담이 많이 되었다. 고3 담임은 처음 하는데 이과 남자 반이었다. 교실에 들어가니 덩치가 큰 남학생들이 40명 넘게 있었다. 쓰윽 돌아보니 구성원이 다양했다. 대부분은 그저 무덤덤하게 새 학년과 새 담임을 맞이했다. 몇몇은 첫날임에도 엎드려 있거나 교실에 있는 자체가 힘들다는 표정을 하고 있었다. 이제 고3이 되었으니 제대로 공부 한번 해 보자는 각오로 눈빛을 빛내는 학생들도 있었다. 속으로 한 해가 만만치 않겠다는 생각을 했다.

며칠 지났을 때 눈에 띄는 학생이 하나 있었다. 키가 작아 중학생처럼 보이는 아이였는데, 자주 지각을 하고 수업 시간에는 주로 책상에 엎드려 있었다. 나는 아이를 불러 상담을 했다.

"지각도 자주 하고, 수업 시간에는 잠만 자던데 혹시 무슨 문제라도 있니?"

"아뇨. 그런 건 없어요. 피곤해서 그래요. 저녁에 게임을 해서요."

다행히 짜증은 내지 않고 온순하게 대답했다. 그저 의지가 없어 보였다. 대화도 잘 통했다. 내심 얼마나 안심이 되었는지 모른다. 보통 학급 내에 일명 문제아는 다 있게 마련이다. 술, 담배를 하는 학생들도 있다. 또 폭력적이고 집중력이 없어 친구들에게 피해를 주는 학생들도 있다. 그런 성향을 지닌 학생일까 걱정되었는데 전혀 아니었다. 다른 친구들을 괴롭히지도 않았고 친구들과도 잘 지냈다. 뭔가 사정이 있어 보였다. 아이는 잘못을 인정하고 다시는 안 그러겠다고 했다.

하지만 주말을 지내고 오면 똑같은 태도를 보였다. 그렇게 시간이 흐른 뒤 다시 불러다 지도하는 나에게 아이는 솔직하게 털어놓았다. 주말이면 친구들, 아는 형들과 술을 마시며 어울린다는 것이었다. 집에서도 다 알고 계신다고 했다.

얼마 뒤에 학생의 어머니와 상담을 했다. 어렸을 때 가정 상황이 안 좋았던 경험이 있다고 했다. 아들을 향한 엄마의 사랑이 차고 넘쳤다. 긍정적인 마음으로 아들을 대하면서 대화하고 소통하고 있었다. 그럼에도 불구하고 달라지지 않는 아이의 태도에 어머니도 힘들어하고 있었다.

나는 아이에게 혹시 책을 좋아하냐고 물었다. 아이는 책을 보면 머리가 아파서 보지 않는다고 했다. 나는 학급문고에 있는 책 중 아주 쉬운 책을 골라 아이에게 읽어 보라고 했다. 초등학교 교실에서 벌어지는 이야기를 담은, 전지은의 《어린이를 위한 배려》였다. 아이는 탐탁지 않은 얼굴로 책을 받았다.

다음 날 아이는 아주 밝은 표정으로 교무실에 왔다.

"선생님, 책이 너무 재밌어요."

"그래? 다행이다. 어떤 내용이 그렇게 재밌어?"

"까칠한 예나가 점점 바뀌어 가고 친구들과 어울리는 게 감동적이었어요."

"그랬구나. 잘 읽어 줘서 고맙다. 더 할 말은 없어?"

"저도 예나처럼 변해서 친구들하고 잘 지낼 거예요."

이것이 책의 힘이다. 동화 한 편이 사람의 마음을 흔들어 놓는다. 그는 그 뒤로 좀 더 착해졌다. 지각하지 않으려고 노력했다. 주말을 보내고 오면 어떻게 지냈는지 즐겁게 이야기했다. 그 뒤로도 내가 권하는 책을 몇 권 더 읽었다.

만약 지각을 하면 받을 벌을 스스로 선택하게 했다. 청소하기, 손들고 서 있기, 논어 쓰기 중에 고르라고 하니 아이는 논어 쓰기를 선택했다. 논어 한 장을 프린트해 주고 베껴 쓰라고 했다. 다 쓰고 나서 아이는 내용이 너무 좋다며 감사하다고 했다. 심성이 고운 아이였다.

그해 어느 날 한 학생이 찾아왔다. 가정 형편이 어려운데도 늘 밝은 표정에 긍정적이고 예의 바른 친구였다. 성적도 상위권을 유지하며 대입을 위해 노력하고 있었다.

"선생님, 부탁드릴 게 있어요."

"응. 뭔데?"

"저희 어머니가 우울증이 있으신 것 같아요. 옛날에 아버지랑 이혼하시고, 엄마 혼자서 저희 형제를 키우셨거든요. 요즘 연세가 있어서 그런지, 일하시는 게 좀 힘들어 보이세요."

"그렇구나. 엄마가 힘들어 보여서 걱정을 하는구나. 정말 효자네."

"그래서 엄마한테 책을 권해 드리고 싶어요. 제가 읽어 보니 자신감도 생기고 너무 좋은 것 같아요. 책 좀 추천해 주세요."

"와, 정말 효자구나. 알았어. 골라서 추천해 줄게."

가슴이 뭉클했다. 평소에도 어른스럽다고 생각은 하고 있었다. 엄마 혼자 자기들을 키우시는 수고를 알고 있었다. 나는 그 마음이 너무 예뻐서 교내 효행상 대상자로 추천했다. 이 글을 쓰면서도 마음이 울렁인다. 그해는 정말 따스했다. 학생들을 가르친다는 것이 큰 보람으로 돌아왔다.

그해 우리 반에는 대학을 목표로 열심히 하는 친구들이 반 이상 있었다. 성격도 좋고 적극적인 아이들이었다. 항상 화기애애한 분위기에서 서로 칭찬하며 지냈다. 한 친구가 선생님께 버릇없이 굴면 다른 친구들이 단체로 그 학생을 응징했다.

"어? 저 인성 봐라? 어디 선생님한테 버릇없이 굴어? 당장 앉아!"

학급의 분위기가 좋지 않을 수가 없었다. 공부에는 흥미가 없는 친구들도 다른 친구들을 괴롭히거나 왕따를 시키지도 않았다. 평등한 세상, 평화로운 세상이 이런 곳이라는 생각을 했다.

그 비법은 바로 책이었다. 따뜻했던 그해, 우리 사이에는 책이 있었다. 학생들은 학급문고에서 언제든지 책을 꺼내 읽었다. 학교 도서관에도 사서가 있어 학생들이 언제든지 이용할 수 있었다. 난 수업 중간중간 책 이야기를 참 많이 했다. 책으로 변해가는 아이들, 책으로 문제가 해결되는 아이들을 보면서 교사가 된 보람을 느꼈다.

책은 마력이 있다. 책을 읽고 감동을 받으면 자식이 부모에게, 부모가 자식에게 권하게 된다. 책을 읽는 가족은 끈끈해진다. 가난이 있어도 독서로 그 문제를 해결한다. 힘들고 어려운 일이 닥쳐도 가족이 서로 응원하면서 그것을 해결한다. 질병이 있어도 책으로 그것을 해결할 수 있다. 설령 '인명은 재천'이라 해도 책으로 생각 근육이 단단해지면 가족 간 유대가 더 강화된다.

아직도 책과 멀리 떨어져 살고 있는가? 독서하는 가족은 문제를 해결한다. 나는 책을 읽고 경제적 문제, 건강 문제에 대한 해답을 찾았다. 가족이 함께 독서를 함으로써 갈등이 해소된다. 자녀들은 책을 읽고 꿈을 갖는다. 그 꿈을 이루기 위해 공부법이나 자기주도학습에 관한 책을 읽는다. 성적이 향상된다. 부모들도 사업이나 갱년기, 자존감 등의 문제를 독서를 통해 해결한다. 그런 부모는 자녀들의 롤 모델이 된다.

05

꿈꾸는 부자 엄마가
강하다

$+ - \times \div$

좋은 책을 읽는다는 것은
과거의 가장 훌륭한 사람들과 대화하는 것이다.
− 데카르트 −

"당신의 꿈은 무엇입니까?"

나는 〈한책협〉에서 공동저서 과정을 통해 《보물지도16》를 펴냈다. 그때 쓴 버킷리스트를 소개한다.

1. 베스트셀러 작가 되어 전국 강연 다니기

2. 빚 다 갚고, 아버지 집과 내 집 짓기

3. 상가 건물주 되기

4. 책 쓰기 코칭 강사 되기

5. 세계 일주하기

6. 스위스에서 1년 살아보기

7. 우리 오 남매와 아버지 모시고 크루즈 여행하기

8. 억대 사업가 되어 기부천사 되기

9. 아버지 전기문 쓰기

첫째, '베스트셀러 작가 되어 전국 강연 다니기'는 책 쓰기를 하면서 생긴 꿈이다. 〈한책협〉에 와서 정말 많은 사람들이 책을 썼다는 것을 알게 되었다. 10대부터 70대까지 다양했다. 그리고 그들은 여기저기로 강연을 다니고 있었다. 남들은 그렇게 쉽게 쓰는 책을 난 지금까지 엄두도 내지 못하고 있었다.

이 책은 나의 첫 개인 저서다. 공동저서는 두 권이나 나왔다. 처음 작품이 명작일 가능성은 희박하다. 내용이 꼬이기도 하고 통일성이 떨어지기도 한다. 수업 시간에 가르칠 때는 통일성, 단계성, 응집성을 그렇게 강조했다. 막상 내가 써 보니 잘되지 않는다. 앞으로 학생들이 글을 잘 쓰지 못해도 뭐라고 하면 안 될 것 같다. 친절하게 칭찬하면서 알려 주리라 마음먹는다.

둘째, 빚을 다 갚고 아버지 집과 내 집을 지을 것이다. 사람에게 집은 중요하다. 친정집은 내가 다섯 살 때 지은 것이다. 할머니가 원주기독병원에서 무릎 관절염으로 수술을 하시고 입원을 오래 하셨다. 몇 년 전 엄마가 투병하실 때도 수술비가 400만 원 정도 들었다. 아버지는 돈이 없어서 살던 집과 밭 일부를 팔았다. 우리는 근처 밭에 대충 집을 지어 이사를 했다. 그 후로 몇 번 집을 고치고 개량하기는 했지만 너무 낡았다. 벽에는 쥐들이 구멍을 숭숭 뚫어 놓고 들어왔다 나갔다 한다. 천장에서는 두두두두 마라톤을 한다.

아버지는 이제 집에 돈을 들이기는 싫다고 하신다. 살면 얼마나 더 살겠냐면서. 함께 살고 있는 남동생이 수리를 해야 하지만 당뇨합병증 환자이고 경제적 상황이 좋지 않아 엄두를 못 내고 있다. 이제 내가 아버지와 남동생, 조카들이 살 집을 지어 드릴 것이다. 내 집은 다른 동네에 지을 것이다. 함께 살아 보니 자꾸 잔소리를 하게 된다. 잔소리가 아닌 칭찬으로 그들을 변화시키고 싶다.

셋째, 상가 건물주가 되고 싶다. 난 부동산에 관심은 있었다. 그랬으니 기획부동산까지 손대지 않았는가. 하지만 실질적인 공부는 하지 않아서 잘 모른다. 이제는 부동산에 관심을 갖고 공부를 하려고 한다. 전문가가 되어 잘나가는 상권의 상가를 구입할 것이다. 요즘은 '조물주보다 건물주'라는 우스갯소리도 있다. 그만큼 건물주로 살면 좋다는 뜻일 것이다.

넷째, 책 쓰기 코칭 강사가 될 것이다. 이 꿈은 당장의 실현을 목표로 하지는 않는다. 코칭을 직접 받아 보니 엄청난 내공을 요하는 일임을 알게 되었기 때문이다. 어설프게 시작하면 다른 사람의 인생을 망칠 수 있다. 최소한 책 쓰기 코칭에 관한 책을 10권 이상 내고 시작할 것이다. 그 전에 우선 〈한책협〉에서 잘 배우는 것이 목표다. 그리고 학교에서 학생들에게 글쓰기를 본격적으로 지도해 보려고 한다.

다섯째, 세계 일주를 하고 싶다. 세계 160개국을 다 간다는 의미는 아니다. 최소한 6개 대륙은 다 가보겠다는 것이다. 남아메리카, 북아메리카 오세아니아, 유럽, 아시아, 아프리카에서 한두 나라씩만 가도 된다.

여섯째, 스위스에서 1년간 살아보고 싶다. 화면에서만 보던 스위스의 풍경이 얼마나 아름다울지 직접 느끼고 싶다. 여행으로 짧게 경험하는 것이 아니라 1년 동안 살면서 구석구석 알아가고 싶다. 말이 통하지 않으면 제한적인 경우가 많을 테니 미리 언어 공부도 할 것이다.

일곱째, 아버지 모시고 오 남매가 크루즈 여행을 가고 싶다. 작년 말, 〈한책협〉의 김태광 대표 코치와 권동희 회장, 코치진들이 함께 크루즈 여행을 다녀온 것을 봤다. 짧은 일정이었지만 정말 환상적이었다. 그런 아름다운 여행을 아버지와 함께 즐기고 싶다.

여덟째, 억대 사업가가 되어 기부천사가 될 것이다. 내가 돈을 버는 1차 목적은 나와 가족이다. 2차 목적은 어려운 사람들을 돕는 것이다. 국내든 해외든 어려운 사람들을 위해 기부하는 삶은 인간의 궁극적인 목적이다. 그것이 삶의 에너지다.

아홉째, 아버지 전기문을 써 드릴 것이다. 10년 전 아버지는 농협복지재단에서 복지대상을 받으셨다. 그때 상금은 1억 원이었다. 그때가 우리 집이 가장 잘되었을 때인 것 같다. 아버지가 농협에서 서류를 주었는데 한번 보라고 하셨다. 넘겨보니 공적조서였다. 내가 하지 않으면 아무도 안 하거나 농협 직원이 하면 얼마나 고생할 것인가 생각이 들었다. 나는 아버지와 우리 가족에 대한 자료를 다 찾았다. 가족 앨범이 가장 먼저였다. 우리 남매가 초등학생 때부터 받은 상장과 통지표들이 그대로 다 있었다. 그것들을 정리하면서 과거 추억들이 주마등처럼 스쳐갔다. 과거의 아름다운 세계로 돌아간 느낌이었다.

그때 깨달았다. 우리 아버지는 존경받아 마땅한 분이라는 것을. 6학년 때 아버지를 잃고, 중학교 1학년 때 자퇴를 한 뒤 어린 나이에 시작한 농사일을 지금까지도 하고 계신다. 홀어머니를 도와 동생들에게는 아버지 역할을 했다. 결혼하고 우리 오 남매를 낳으신 아버지는 배우지 못한 것이 한이 되어 딸 넷도 모두 대학에 보내셨다. 공부에 있어서는 아들과 딸을 차별하지 않으셨다. 가장 아픈 손가락인 아들이 결혼도 못하자 모든 비용을 들여서 베트남에 가서 결혼을 시키셨다. 그래서 떡두꺼비 같은 쌍둥이 손자를 보셨다.

나는 아버지의 공적조서를 쓰면서 나중에 기회가 되면 아버지의 전기문을 꼭 써드리고 싶다는 생각을 했다. 이번에 다시 그때 생각이 났다. 아, 세상에 허투루 지나가는 생각은 하나도 없다는 것을 알겠다. 가슴 깊은 곳에 묻어 놓았던 꿈이 올라왔다. 만약 10년 전에 전기문을 썼더라면 해피엔딩이었을 것이다. 하지만 이번에 쓰면 슬픈 결말이 될 것이다. 10년 동안 우리 집이 너무 많이 달라졌기 때문이다. 타국에 와서 고생하던 며느리는 베트남으로 돌아갔다. 아내는 위암으로 천국으로 먼저 갔다. 하나뿐인 아들은 당뇨합병증으로 고생하고 있다. 불행 중 다행인 것은 그간 술, 담배를 끊었다는 것이다. 홀어머니는 100세까지 장수하시다 작년에 천국으로 떠나셨다. 아버지는 올해 79세인데도 담배 농사를 지어야 한다. 손주들을 위해 준비해야 하기 때문이다. 우리 인생은 정말 알다가도 모를 일이다. 이제 힘들었던 10년이 지났다. 앞으로는 새로운 운이 들어오기를 바란다. 행운이 가득한 미래가 우리에게 다가오고 있으면 좋겠다.

꿈을 방해하는 드림 킬러는 항상 내 주위에 있다. 그들은 '헛된 꿈은 독'이라고 말한다. 우울증, 좌절감이 있다. 바쁜 업무로 꿈조차 꿀 수 없을 수도 있다. 자신이나 가족이 질병이 있을 수도 있다. 그래도 꿈꾸는 것을 멈추지 말자. 그 어떤 것도 당신의 꿈을 방해할 수는 없다. 긍정적인 마인드로 무장을 하고 당신의 꿈을 이루어 나가자.

"난, 난 꿈이 있어요. 그 꿈을 믿어요. 나를 지켜봐요."

노래 〈거위의 꿈〉 중에 나오는 소절이다. 나는 이 노래를 들으면 가슴이 뛴다. 꿈꾸는 엄마는 쓰러지지 않는다. 넘어져도 오뚝이처럼 다시 일어난다. 책으로 부자 되는 엄마는 집안도 일으킨다. 물론 책으로 꿈꾸는 부자 아빠도 그렇다. 꿈꾸는 부자 엄마, 아빠는 강해진다. 세상의 어떤 시련과 고난도 그를 넘어뜨리지 못한다.

06

집을 도서관처럼
꾸며라

$+ - \times \div$

책이 없는 방은 영혼이 없는 육체와 같다.
− 기케로 루보크 −

얼마 전 이지성 작가의 집이 공개되었다. 에세이 《부부의 집짓기》에는 이지성, 차유람 부부가 땅을 구하러 다니는 것부터 집을 짓는 과정까지 전부 소개되어 있다. 그들은 딸이 태어나자마자 폐렴으로 고생하는 것을 보고 집을 짓기로 결심했다고 한다. 시멘트를 최소화시키고 목재가 주인 친환경 소재를 사용해 파주에 멋진 집을 짓고 아이들과 함께 살아가는 모습이 보기 좋다.

그 집에서 가장 눈에 띄는 것은 단연 서재다. 천장까지 닿게 붙박이로 된 책장은 잘 짜인 건축물 같다. 베스트셀러 작가이다 보니 책이 정말 많을 것이다. 몇만 권은 되지 않을까. 이지성 작가는 책 한 권을 쓰기 위해 참고도서를 100권은 본다고 했다.

책을 좋아하고 책을 위해 집을 지은 작가가 또 있다. 바로 현직 교사인 송승훈 작가다. 그는 예전부터 꿈꿔 오던 집을 짓기로 하고 이일훈 건축가를 만나 이메일을 주고받으며 건축을 했다. 장장 900일에 거쳐 메일을 주고받으며 교감한 결과, '잔서완석루'가 지어졌다.

나는 그 내용이 담긴 책《제가 살고 싶은 집은》을 국어과 연수에 갔다가 받았다. 송승훈 선생님이 강의하고 발표하는 사람에게 준다고 해서 얼른 발표를 했다. 3년이 걸린 건축 과정이 고스란히 묻어나는 책이다. 이 집에서 가장 인상적인 것은 서재다. 기다란 복도 양쪽에 서재가 만들어져 있고, 끝 공간에 커다란 서재가 나온다.

두 작가의 집을 보면서 개인 도서관 같은 느낌을 받았다. 도서관이라고 하니 딱딱한 느낌이 든다. 하나의 서재 같은 공간이라고 해야 어울릴 것 같다. 두 작가는 왜 서재 같은 집을 지었을까? 단순히 책이 많아서라고 하기에는 좀 부족하다.

서재는 상징이다. 책은 인류의 역사다. 서재에는 책이 진열되어 있다. 그러므로 서재에는 인류의 역사가 있는 것이다. 동양과 서양, 과거와 현재의 인간의 지혜가 다 서재에 있는 것이다. 작가들은 그래서 책을 중요하게 생각한다.

초등학교 미술 시간에 자기가 살고 싶은 집을 그린 적이 있었다. 난 사진으로 봤던, 넓은 정원과 수영장이 있는 집을 떠올렸다.

하지만 그런 집을 그리지 않았다. 대신에 벽이 전부 책으로 둘러싸인 서재가 있는 집을 그렸다.

나는 늘 그런 집을 꾸미려고 노력했다. 그간 책을 많이 읽었기에 책 구입도 많이 했다. 나의 이삿짐은 어느 순간부터 책이 주를 차지했다. 이삿짐센터에서는 무겁고 박스도 많이 들어 책을 싫어한다 해서 걱정도 했다.

방 두 칸에 거실 하나인 집부터는 책장이 주 인테리어였다. 벽면 한쪽에 책장으로 세팅하고 가지고 있는 책을 종류별로 분류해서 꽂는 것은 정말 행복했다. 마치 어린 시절 꿈이 이루어진 것 같았다.

방 세 칸에 거실이 하나 있는 32평 아파트로 이사를 했다. 그곳에서 지금 19년째 살고 있다. 낡은 책은 몇백 권을 버렸다. 색이 바래고 먼지도 쌓여 건강에도 좋지 않을 것 같았다. 무엇보다 새로 들어온 책들에게 자리를 양보해 주어야 했다. 서재를 하나 꾸몄다. 책장을 새로 들여서 2면이 책으로 둘러싸인 방이 되었다. 그래도 책이 남아 거실에도 책장을 들였다. 책 부자가 되니 마음 부자가 되었다.

나도 앞의 두 작가들처럼 서재가 있는 집을 짓고 싶다. 버킷리스트에 내 집 짓기도 있는데 필히 서재 중심으로 지을 것이다. 서재에는 내가 읽어온 책들이 진열될 것이다. 도서관처럼 일련번호를 붙여서 정리하고 싶다. 읽고 싶은 책을 바로 쉽게 찾을 수 있도록 말이다. 집에 서재가 있으면 어떤 점이 좋을까?

첫째, 자녀교육에 좋다. 책은 갓난아기 때부터 자연스럽게 접하는 것이 좋다. 사람의 오감 중에 가장 먼저 발달하는 것은 청각이라고 한다. 시치다 마코토의 《0세 교육의 비밀》이라는 책을 보고 깜짝 놀랐다. 인간의 재능 성장에는 '재능 체감의 법칙'이란 것이 있다고 한다. 재능이 만들어지는 것은 생후 12개월까지가 50%로, 그 이후에는 점점 줄어들어 만 6세에는 재능 성장률이 0%라는 것이다. 이 비밀을 아는 사람들은 생후 12개월까지 아이에게 자극을 준다. 청각, 시각, 운동감각 등이다. 그런데 0세에는 아이들이 반응을 보이지 않고 정보를 흡수하기만 한다. 스펀지가 물을 빨아들이듯이 외부 자극과 정보를 빨아들인다. 이후에 배출하는 것이다. 0세에 클래식 음악을 들려주면 음감이 길러진다. 갓난아이를 물에 넣으면 양수에 있던 것처럼 헤엄을 친다고 한다. 숫자 개념도 그렇다.

가장 핵심적인 것은 언어능력이다. 언어 카드를 보여 주면서 어휘력을 길러 주고, 책을 읽어 주면 한 살도 안 된 아이들이 말을 유창하게 한다. 단어를 읽기도 한다. 갓난아기 때부터 책으로 둘러싸인 집에서 엄마가 책을 읽어 주자. 만약 시간이 없다면 녹음된 것을 들려주어도 효과가 크다. 조금 더 크면 책을 장난감으로 알게 된다. 책과 놀면서 책을 읽어 달라고 한다. 발달 단계에 맞게 독서를 하도록 하는 것이 독서로 아이 키우기의 핵심이다.

둘째, 자연스럽게 가족 토론의 장이 된다. 우리나라는 가족들끼리 토론하는 것을 어색해한다. 자식은 부모에게 무조건 순종해야한다. 부모의 주장에 반대하는 것은 불효로 받아들인다. 집에서 토론 훈련이 안 되면 어디에서 연습할 수 있는가? 집에서 연습되지 않은 사람은 학교에서 모둠토론을 할 때 어려워한다. 연습이나 훈련은 집에서 부모와 함께 해야 한다. 학교는 인원이 많아서 연습을 자꾸 반복하기가 어렵다.

요즘 학교의 수업 방식이 변했다. 과거에는 강의 일변도의 수업을 했다. 그럴 때는 가만히 있으면 중간은 간다고 했다. "모난 돌이 정 맞는다."라는 속담은 절대 튀지 말라는 말이었다. 하지만 지금은 학생 참여 수업, 학생 중심 수업, 거꾸로 교실, 배움의 공동체, 하브루타와 같은 수업 방식이 대세다. 이런 수업 방식에서는 가만히 있으면 민폐다. 모둠원들에게 피해를 주게 된다. 이럴 때는 적극적이고, 인성 좋고, 똑똑한 사람이 가장 인기가 있다. 아이가 21세기 핵심인재가 되기를 원한다면 책으로 키워야 한다. 책을 읽고 토론하고 글을 쓰는 훈련을 해야 한다. 어렸을 때부터 집에서 연습을 한다면 큰 인재로 자랄 것이다.

셋째, 꿈꾸는 부모가 된다. 요즘은 자식 교육만 중요한 것이 아니다. 평생직장은 없다. 엄마와 아빠는 직장에 다니면서 끊임없이 자기계발을 해야 한다. 어느 날 갑자기 실직해도 바로 새로 시작할 수 있는 시스템을 만들어 놓아야 한다. 인생 2막을 잘 살기 위해서는 철저한 준비가 필수다. 인생 2막 준비 방법에서 가장 중요한 것도 책이다. 책에는 창업에 대한 다양한 내용도 많다. 서재에서 부부가 미래를 꿈꾸며 자기계발을 하는 모습을 상상하면 흐뭇하다.

집에 서재를 만들기 어려워도 걱정하지 말자. 도서관이 있지 않은가. 원하는 시간에 맘껏 읽을 수 없다고? 어차피 집에 있는 책도 내가 원하는 시간에 읽을 수 없다. 학교에도 가야 하고, 직장에도 가야 한다. 그러니 도서관을 집처럼 생각하고 자주 방문해 보자.

07

책은 꿈을 이루는
발판이다

+ − × ÷

집은 책으로, 정원은 꽃으로 가득 채워라.
– 앤듀르 랑그 –

작년 6월이었다. 인터넷에서 우연히 글쓰기 강좌를 보았다. 어떤 작가가 4주 글쓰기 과정을 모집했다. 비용은 단돈 10만 원. 다른 카페에서 얼핏 보았을 때는 글쓰기 강좌도 몇십만 원 선이었다. 저렴해서 일단 등록했다. 신촌에서 일요일 2시부터 4시까지 진행되었다.

첫째 주 수업에 참석했다. 강사는 40대의 남자 작가였다. 선한 인상에 강의도 나름대로 준비를 잘했다. 첫 시간이니 자기소개를 하고, 글쓰기에 대한 동기부여에 대해 강의했다. 세계적으로 유명한 작가들의 글쓰기 습관에 대한 자료를 보여 주었다. 그리고 토론을 통해 그날의 주제를 정했다. 주제가 정해지면 20분 동안 글을 썼다.

규칙은 멈추지 않고 쓰는 것이다. 생각과 동시에 쓰는 연습을 한다고 했다. 그리고 돌아가면서 발표를 했다. 수업이 끝나고 과제가 주어졌다. 매일 주제에 맞춰 글을 한 편씩 써서 올리는 것이었다.

내가 글을 쓸 수 있다는 사실에 자신감을 얻고 뿌듯한 기분이 들었다. 이틀 정도 글을 썼는데, 창작의 고통이 그렇게 큰지 그때 처음 알았다. 시간이 그렇게 빠른지도 처음 알았다.

다음 강의 날이 되었다. 갈까 말까 고민했다. 신촌이라 승용차를 가지고 갔다가는 끝나고 나올 때 오래 걸릴 것 같았다. 버스와 전철을 이용하자니 왕복 4시간이었다. 수업 시간과 식사 시간까지 생각하면 총 7시간이 걸릴 것으로 예상되었다. 결국은 가지 않았다. 카카오톡 메시지로 내용은 계속 받았다. 그때 내가 맡은 역할이 매일 명언을 한 개 이상 단톡방에 올리는 것이었다. 그것은 내가 다른 사람들을 위해 해야 하는 것이니 꾸준히 했다. 하지만 글쓰기는 하루 빼먹으니 그 뒤부터는 잘되지 않았다. 소재의 고갈이 느껴졌다.

내가 강의를 포기한 가장 큰 이유는 무엇이었는지 아는가? 바로 수강료가 너무 저렴해서다. 10만 원. 첫 시간 자기소개를 하면서 왜, 어떻게 오게 되었는지도 발표를 했다. 난 글쓰기도 하고 싶지만 사실은 수강료가 저렴해서 매력적이라고 발표했다. 그런데 포기 이유를 찾고 있는데 저렴한 수강료가 떠올랐다. 1회에 2만 5,000원이다. 그런데 차비가 더 들어간다. 또 두 시간 동안 직접 배우지 않아도 동료들이 전달해 주는 소감을 보면 내용이 대충 짐작되었다. 비용과 시간을 버리는 걸 생각하면 포기해도 별로 손해 보는 것이 없었다.

〈한책협〉에 처음 왔을 때 그때 생각이 났다. 수강료가 높다는 것은 그만큼 자신 있다는 표현이다. 그렇지 않다면 환불 소동이 날 것이 아닌가. 과정을 진행하면서 역시 200여 권의 책을 쓴 코치의 내공은 얼마나 대단한 것인지 실감하게 되었다. 게다가 단순히 작가만 양성하는 것이 아니라 1인 창업을 할 수 있도록 모든 시스템이 구비되어 있었다. 이런 시스템을 만들고 실행하는 김태광 대표 코치는 가히 비즈니스계의 천재라고 할 수 있다.

〈한책협〉에서는 평범한 사람들이 꿈을 이루고 부자가 된다. 신상희 코치는 대표적인 부자엄마다. 그는 20대에 화장품 세일즈로 잘나갔다. 그러다 1인 창업을 하고 열심히 했으나 성과가 약해지고 경력 단절 경험을 하게 된다. 우연히 〈한책협〉을 알고는 창원에서 분당까지 7주 동안 매주 올라왔다. 젊은 나이였으나 세일즈 경험이 풍부했기에 창업 아이템도 아주 적절했다. 열정적으로 책 쓰기를 해 내는 모습을 보고 김태광 대표 코치는 그를 코치로 발탁했다. 신상희 코치는 분당에 처음 이사 왔을 때 허름한 월세에서 시작했다고 한다. 2년 동안 개인저서와 공동저서를 합쳐 10권 정도 출간한 뒤 지금은 넓은 아파트에 살며 외제차를 타고 다닌다. 두 아들

에게 든든한 부자엄마로 버팀목이 되어 주고 있는 것이다. 그 비결
은 자신의 경험과 지식을 전달해 주고 비용을 받고 있기 때문이다.
평범한 경력 단절 여성이 책을 쓰고, 1인 창업의 길로 들어서 성공
자로 변신했다. 그처럼 평범한 사람이 꿈을 이루기 위해서는 어떻
게 해야 할까?

첫째, 생생하게 꿈꾸고, 의식을 고취시키자. 성공하는 사람들의
비결은 긍정적인 생각으로 성공의 에너지를 끌어당기는 것이다. 내
가 지금까지 했던 노력이 물거품으로 돌아간 이유는 부정과 불신
의 마음 때문이었다. 비상장주식에 투자할 때도 왠지 모를 불안감
이 있었다. 그 불안감이 적중한 것이다. 이제는 긍정적인 생각만 할
것이다. 내 생각이, 내 의식이 나의 미래를 만든다는 것을 믿을 것
이다.

둘째, 자신의 책을 쓰자. 이번에 원고를 쓰면서 보니 내 책장에
책 쓰기에 관한 책이 다섯 권이나 있었다. 지금 왕성하게 코칭하고
있는 작가들의 책이다. 난 책을 읽었으면서도 도전할 엄두를 내지
못했다. 나라는 존재가 책을 낼 수 있는 그릇이라고 생각하지 않았
기 때문이다. 또 내가 책을 쓸 만큼 성공하지 못했다고 생각했다.
하지만 이미 책을 낸 사람들을 보니 지극히 평범한 사람들이 많다.
평범하기보다 어리거나 사연도 없어 보이는 사람들이 많았다. 고등

학생, 대학생들이 어찌 그 두꺼운 책을 쓴단 말인가? 전공 서적도 아니고 자기계발서 위주인데 그들에게 책을 쓸 만큼 경험이 있기나 한 걸까. 그렇다면 나도 할 수 있겠다는 생각을 했다.

셋째, 1인 창업을 하자. 누구나 1인 창업을 할 수 있다. 일단 자신의 경험을 바탕으로 아이템을 정해 보자. 어린 자녀가 있으면 육아 경험을, 직장인이라면 업무 경험을 활용한 사업을 할 수 있다. 지금 만약 사업을 하고 있다면 그 아이템을 확장시키고 키우면 된다. 심지어 갱년기를 겪은 경험도 아이템이 된다.

이그래 작가는 56세의 현직 간호사다. 우연히 책 쓰기 과정에 참여해 이미 책을 출간했다. 책의 주제는 자존감이었다. 그는 책 속에 자신의 경험을 녹여 내면서 갱년기를 극복한 내용도 넣었다. 블로그, 카페, 인스타그램 그리고 유튜브도 찍어 업로드한다. 그는 요즘 굉장히 바쁘다. 각종 방송에 출연하기 때문이다. JTBC, 대전지역 〈아침마당〉, 모교 강연 등 바쁜 일정을 소화하고 있다. 직장도 계속 다니고 있다. 책 한 권 썼을 뿐인데 여기저기서 불러 준다. 인생 2막 준비를 완벽하게 한 것이다.

그 많은 책은 누가 다 썼을까?
그 많은 책은 누가 다 읽었을까?
책을 읽는 것과 쓰는 것의 차이는 무엇일까?

나의 꿈은 작가다. 생각지도 못한 채 두 달 전 급하게 꾼 꿈이다. 두 달 만에 그 꿈이 이루어진다. 이 마지막 장을 끝내면 된다. 나는 책을 쓰는 작가가 되는 것이다.

수십 년 동안 수백 권의 책을 읽으며 막연히 작가를 꿈꾼 적이 있다. 언감생심, 안 될 말이었다. 책 좀 읽었다고 작가가 된다면 이 세상 사람 모두 작가였을 것이다. 두 달 전 우연히 〈한책협〉을 만났다. 김태광 대표 코치를 만나면서 내 꿈이 급물살을 타고 있다. 꿈의 한계가 없어진다. 어떤 꿈이라도 다 이룰 수 있을 것 같다. 이 지면을 통해 다시 한번 감사를 드린다.

두 번째 책을 꿈꾼다. 책을 써 보니 내 안에 책의 소재가 무궁무진하다. 50년 넘는 시간 동안 축적된 사건들은 모두 책의 소재가 되기에 충분하다. 직장 이야기, 가정 이야기, 나의 가치관 이야기도 소재가 된다. 두 번째 책은 원고 완성도의 수준이 분명히 나아지리라 믿는다. 자식 같은 나의 두 번째 책이 내 품에 안기는 상상은 언제나 즐겁다. 꿈을 이루고 책을 쓰는 엄마는 강하다.

재테크 독서로 월 100만 원 모으는 비법

초판 1쇄 인쇄 2019년 5월 2일
초판 1쇄 발행 2019년 5월 9일

지 은 이 **안명숙**
펴 낸 이 **권동희**
펴 낸 곳 **위닝북스**
기   획 **김도사**
책임편집 **김진주**
디 자 인 **박정호**
교정교열 **박고운**
마 케 팅 **강동혁**

출판등록 **제312-2012-000040호**
주   소 **경기도 성남시 분당구 수내동 16-5 오너스타워 407호**
전   화 **070-4024-7286**
이 메 일 **no1_winningbooks@naver.com**
홈페이지 **www.wbooks.co.kr**

ⓒ위닝북스(저자와 맺은 특약에 따라 검인을 생략합니다)
ISBN 979-11-6415-018-2 (13320)

이 도서의 국립중앙도서관 출판도서목록(CIP)은 서지정보유통지원시스템
홈페이지(http://seoji.nl.go.kr)와 국가자료공동목록시스템(http://www.nl.go.
kr/kolisnet)에서 이용하실 수 있습니다.(CIP제어번호: CIP2019016222)

위닝북스는 독자 여러분의 책에 관한 아이디어와 원고 투고를 설레는
마음으로 기다리고 있습니다. 책으로 엮기를 원하는 아이디어가 있으신 분은
이메일 no1_winningbooks@naver.com으로 간단한 개요와 취지, 연락
처 등을 보내주세요. 망설이지 말고 문을 두드리세요. 꿈이 이루어집니다.

※ 책값은 뒤표지에 있습니다.
※ 잘못 만들어진 책은 구입하신 서점에서 교환해 드립니다.